Nina Badelt

Glücksorte in Mannheim

Fahr hin und werd glücklich

Droste Verlag

Ich kann gar nicht ausdrücken, wie dankbar ich manchen Menschen für Ihre Inspiration und Unterstützung während der Entstehung dieses Buches bin.

Ein riesengroßes Dankeschön an Adriana und Kika,
die stärksten Frauen der Welt!
Vielen lieben Dank meiner geliebten Tanja,
ohne die ich nicht wäre, wer ich bin!
Danke meinem Mini-Herzen Stella und Dir, liebste Mama.
Danke Dir, fotografischer Helfer in der Not, Benjamin.
Danke, Fotograf Stefan.
Danke, liebe Yelka.
Danke, Mladen.
Danke Chris, mein Buchretter.
Danke, Alex.
Danke, Kristoffer.
Und auf jeden Fall ein dickes Danke an alle „Orte-Inhaber",
Informanten und Beteiligte!
DANKE MANNHEIM, meine Heimat!!!

Dieses Buch gehört

....

....

....

Liebe Glücksuchende,

„Das Glück beruht oft nur auf dem Entschluss, glücklich zu sein.“
Lawrence George Durell, britischer Schriftsteller, 1912–1990

Was ist Glück? Und vor allem – wo kann man es finden? Mannheim ist nicht nur die Heimatstadt des grandiosen Xavier Naidoo, sondern auch meine, und vor diesem Buch dachte ich, ich kenne sie in- und auswendig. Aber sie ist kreativ, weltoffen und im ständigen Wandel. Hier wurden sowohl das Fahrrad als auch das Automobil und sogar das Spaghettieis erfunden.

Das Glück wohnt an bezaubernden Orten, die jeder kennt, wie am Wasserturm und im prächtigen Barockschloss, und an solchen, die leise im Verborgenen liegen und über die man sonst nur per Zufall stolpert. Orte, die die Natur geschaffen hat, wie die wilde Reißinsel, und solche, die tatkräftige Menschen erschaffen haben, um uns glücklich zu machen, wie phänomenale Bauwerke, einladende Bars und bereichernde Geschäfte.

Oft bekam ich während der Recherchen zu hören, im industriell geprägten Mannheim gebe es gar keine Glücksorte. Für mich ein umso größerer Ansporn, die Magie der Stadt zu finden und sie allen zu zeigen. Was Orte zu Glücksorten macht? Ihr ganz eigener Zauber, der Blickwinkel, aus dem man sie betrachtet, und die Menschen, mit denen man sie teilt.

Wenn mehr Menschen nach dem Lesen dieses Buches Lust haben, ihre Augen und Herzen für das Glück um die Ecke zu öffnen und sich Orte für Stunden zu bewahren, in denen man ein bisschen Glück gebrauchen kann, dann hat es sein Ziel erreicht.

Ihre Nina Badelt

Deine Glücksorte ...

... noch mehr Glück für dich

Kutscher, bitte fahren Sie vor!

 Das Barockschloss Mannheim

Ein Meer aus Glanz und Prunk, alles strahlt vor atemberaubender Eleganz, wenn man durch das zweiläufige royale Treppenhaus in den riesigen, lichtdurchfluteten Vorraum mit dem klangvollen Namen „Vestibül" nach oben steigt. Die Gäste, die hier in Mannheims ganzem Stolz, dem kurfürstlichen Barockschloss mit der größten zusammenhängenden Barockanlage Deutschlands, in der Kutsche zu Staatsempfängen ankamen, sollten schon auf den ersten Blick beeindruckt sein. Das waren sie sicher! Oben in der „Belle Etage" weiß der Blick gar nicht, wohin er zuerst wandern soll. Ein Gefühl von ungeahntem Reichtum und überbordender Fülle überkommt einen auf dem rosa-weiß karierten Schachbrettboden beim Anblick der opulenten, glitzernden Kristallleuchter. Riesige Deckenfresken beeindrucken mit filigransten Details. Der faszinierend feine, barocke Stuck, den Paul Egell um 1728 zu den Elementen Wasser und Wind und den Themen Morgen und Abend entwarf, hält das Auge lange gefangen. Der Blick auf den Balkon schlägt das Interieur jedoch um Längen. Er durchdringt die gigantische Fensterfront und folgt der Achse des streng quadratisch angelegten Mannheim bis zum anderen Ende der Stadt – ein Blick, der jeden Mannheimer stolz macht. Stolz auf diese unglaublich disziplinierte Ordnung, die auch die riesige Barockanlage des Schlosses prägt. Die geradlinige Trennung in der barocken Architektur setzt sich im Inneren fort. Sie zeigt sich nicht nur in der geordneten Raumausstattung, sondern auch im gesellschaftlichen Leben bei Hofe, in dem jeder eine fest definierte Rolle ausfüllte.

Wie ein Diener liegt die Stadt dem Betrachter zu Füßen. Hier oben geht man nicht, man schreitet erhaben umher, blickt herab und lächelt glückselig.

Wer sich einmal im Leben wie ein Fürst oder eine Fürstin in seinem oder ihrem herrschaftlichen Schloss fühlen möchte, ohne der strengen Hofetikette gerecht werden zu müssen, darf einen Rundgang durchs beeindruckende Mannheimer Schloss auf gar keinen Fall verpassen.

TIPP Hier kann man sogar standesamtlich heiraten, und das Schloss für Veranstaltungen teilweise mieten.

Barockschloss Mannheim, Bismarckstraße, 68161 Mannheim, Tel. Besucherzentrum (06 21) 2 92 28 91 Achtung: Das Schlossmuseum wird renoviert und ist bis Januar 2020 geschlossen. www.schloss-mannheim.de
ÖPNV: Straßenbahn 1, 5/5A, 7, 15, Haltestelle Schloss

Fließende Vermählung

2 *Versteckte Magie an der Neckarspitze*

Bei Dunkelheit fährt man in Mannheim manchmal an Stellen vorbei, an denen man denkt: Wow! Was ist das da drüben? Wo ist das? Wie kommt man da hin, wo die bunten Lichter so verführerisch im Wasser glitzern? Das ist bei der Neckarspitze tatsächlich eine Herausforderung. Arbeitet man sich mit Google Maps vor, landet man mit dem Finger auf der Landkarte da, wo Rhein und Neckar sich in Mannheim treffen.

Diese Landspitze kann man von der Mannheimer und der Ludwigshafener Seite des Rheins aus perfekt sehen. Hier passiert es: Hier fügt sich zusammen, was diese Stadt so prägt. Hier vereinen sich zwei Hauptwasserstraßen zu einer. Hier mündet der Neckar, der einen langen Weg hinter sich hat – von Schwenningen, Tübingen, Stuttgart und durch den Odenwald über Eberbach und Heidelberg nach Mannheim – in den Vater Rhein.

Ein großes Rheinkilometerschild mit einer „0" markiert den Beginn oder die Mündung. Das Neckarufer wird zum Rheinufer. Hier wird klar: Die glitzernden Lichter weisen den Schiffen nachts ihren Weg um die Spitze, deshalb leuchten sie so hell aus der Ferne.

TIPP Picknickausrüstung mitnehmen und die Stimmung bei Sonnenuntergang genießen.

Dieser magische Ort liegt hinter einem Lkw-Parkplatz mitten im Mannheimer Handelshafen, umgeben vom stetig lauten Rauschen und Klackern der Industrieanlagen. Dennoch lohnt es sich, ihn zu finden, denn ungeachtet seiner augenscheinlichen Hässlichkeit trägt er viel aktivierende Energie in sich – die Energie beider Flüsse, die die Spitze rauschend umtosen, aber auch die der Industriebetriebe. Ganz allein für sich erahnt man hier an der Neckarspitze die Bedeutung dieses Ortes – der Geburtsort der Stadt zwischen den zwei Strömen.

Erreichen kann man die legendäre Spitze mit dem Auto über die Neckarvorlandstraße oder die Werfthallenstraße bis zu einem Firmen-Lkw-Parkplatz. Dann geht man eine kleine Privatstraße entlang, zwischen hochhaushohen Bunkerkesseln immer weiter, bis der Boden endet. Plötzlich steht man inmitten der Ströme, fast wie am Bug der Titanic. Einfach mal Arme ausbreiten und „König der Welt" sein!

Neckarspitze, über Parkplatz am Ende der Werfthallenstraße, 68159 Mannheim
ÖPNV: Bus 60, Haltestelle Popakademie, ca. 15 Minuten Fußweg, Bus 62, Haltestelle Neckarspitze

Tausendundeine-Nacht-Zauber

③ *Stöbern im MaroDoro*

Geht man die Lange Rötterstaße entlang, so könnte es sein, dass der Blick an einem Schaufenster hängen bleibt, das sich von den umliegenden Geschäften deutlich abhebt. Es ist, als husche ein Goldschein durchs Fenster heraus. Der könnte von den Lampen kommen, die drinnen das zauberhafte Geschäft in ein warmes Licht tauchen.

Im Laden kann man erahnen, dass hier eine Inhaberin ihre große Liebe zu Marokko gefunden hat – zum Land, den Düften, zur Kultur und den Menschen. All das wollte Annette Weber nach ihren Reisen mit nach Hause nehmen, um auch anderen Menschen damit eine Freude zu bereiten. Aber kann man Land, Leute und Kultur einfach einpacken und importieren? Man siehe und staune, es geht! Sie kauft liebevoll ausgewählte Unikate dort und inzwischen auch in anderen Ländern der Welt ein, um sie hier in Mannheim zur Geltung zu bringen und zu verkaufen. Eingehüllt in Rosen-, Tee-, Chai-Gewürz- und Amberduft wird das Stöbern zu einem Erlebnis. Verfällt man dem betörenden Duft der edlen Kerzen von Cerabella, so nimmt man sich einfach ein Stück Orient mit nach Hause. Man fühlt sich geborgen, eingehüllt wie in einen Samtmantel. Den passenden handgemachten Seidenschal oder Wollschal gibt es hier auch. Ist das jetzt wirklich noch Mannheim? Fast glaubt man sich in einem abgelegenen Winkel Marrakeschs. Es ist bunt und lebhaft wie in der Stadt, aber gleichzeitig intim und ruhespendend. Bequeme Sessel mit handgenähten Kissen laden zum Verweilen und Träumen ein.

Dabei umgeben einen handgefertigte Unikate, schöne Möbel, Wohn- und Modeaccessoires, die um die Gunst der Kunden buhlen. Manche sind von regionalen Designerinnen, andere haben Weltmeere überquert, um jetzt hier zu sein. Viele wunderschöne, achtsame Ruhestifter wie Gewürze, Tees und Stoffe versprechen, das eigene Zuhause genauso außergewöhnlich und gemütlich zu machen wie den bunten Ausstellungsort. Willkommen in Marokko!
Erlebe den Zauber!

⊙ MaroDoro, Lange Rötterstraße 18, 68167 Mannheim, Tel. (06 21) 12 80 74 44
⊙ ÖPNV: Straßenbahn 1, 2, 3, 4/4A, 15, Bus 53, 61, Haltestelle Alte Feuerwache,
ca. 7 Minuten Fußweg

Leckere Ecke

4 *Das Café Meerwiesen*

An der Ecke Meerwiesenstraße und Emil-Heckel-Straße kann man durch die großen, offenen Fensterfronten glückliche Menschen entspannt essen, trinken und sich unterhalten sehen. Weiße Bänke warten draußen einladend auf Besucher. Drinnen kann man sich entweder für das gemütliche, uralte Sofa neben dem Servierwagen oder für einen der bequemen Stühle entscheiden. Egal wo, man fühlt sich sofort willkommen und zu Hause. Es duftet nach frischen Waffeln oder dem besonderen, leicht erdigen Kaffee von den KOGI-Indianern in Kolumbien, die mit dem Verkauf unterstützt werden. Junge verliebte Paare, ältere Menschen, Familien und Freunde tauschen hier bei einem leckeren Frühstück Erlebtes aus. Und hier drin ist viel Platz für das Leben. Entspannt, wie gerade heimgekommen, unterhalten sich die Menschen. Man kann sie beobachten und ihnen lauschen, während man dort gemütlich sitzt und das Treiben drinnen wie draußen aufsaugt. Es fühlt sich so mitreißend an, und auch wenn man alleine kommt, ist das Meerwiesen ein toller Ort der Inspiration.

TIPP *Das große und beliebte Frühstücksangebot wird von vielen wahrgenommen – am Wochenende am besten früh da sein.*

Man trinkt den originellen Kusmi-Tee aus Kännchen, labt sich an Haferflockenwaffeln mit Sahne und Schokoladensauce, am leckeren Cappuccino oder fluffigen französischen Croissants. Très délicieuse! Das Wandtattoo spricht aus, was wohl alle denken „LECKER!"

Kinder tapsen fröhlich durch den Raum. Freude macht sich überall breit. Freude in strahlenden Kinderaugen, Freude, wenn Freunde sich nach langer Zeit endlich mal wieder im wahren Leben treffen, einfach mal da sind. Wie schön es ist zu sehen, wie Menschen sich füreinander Zeit nehmen.

Das Meerwiesen ist mehr als nur ein Café. Es ist auch kultureller Treffpunkt, wo Livemusik, Tangokurse, Vernissagen mit örtlichen Künstlern und ein Trödelmarkt veranstaltet werden. Kann man diese Lebensfreude mit nach Hause nehmen? Ja. Zum Beispiel mit einem Stück Kuchen. Oder Espressobohnen. Oder französischen Butterbonbons. Als Erinnerung an wunderschöne Genussmomente mit lieben Menschen.

▶ Café Meerwiesen, Meerwiesenstraße 1, 68163 Mannheim, Tel. (06 21) 43 65 52 88
www.meerwiesen.de
▶ ÖPNV: Straßenbahn: 3, Haltestelle: Diesterwegschule, ca. 5 Minuten Fußweg

Hochhaus-Höhle zum Relaxen

5 *NaturSPA und Salzgrotte*

Wellness im Hochhaus? Im Keller? Ist das hier „Versteckte Kamera"? Manch einer würde vor dem Eingang wieder umdrehen, trotz Empfehlung hier mal wieder richtig entspannen zu können. Doch der würde wirklich was verpassen. Denn hinter der schmutzigen Hochhausfassade lauert eine geheime Oase der Entspannung. Das Staunen beginnt im Erdgeschoss. Das leise Plätschern des Wandbrunnens versetzt einen nach Thailand. Im kleinen Teichbecken ziehen Fische ihre Kreise. Gelassenheit. Die Entspannung nimmt einen auf weich gepolsterten Rattansofas in Empfang und packt einen behutsam bei der Hand. Hineinplumpsen und nie wieder aufstehen! Dann lullt sie einen ein in sphärische Klänge. Schon ist vergessen, wo man eben noch zögernd eingetreten ist. Hot Chocolate Massage? Salzgrotte? Maniküre? Microdermabrasion? Oder am besten gleich alles? Hier ist es möglich.

Aus dem Keller duftet es intensiv nach Zitronengras, Orange und exotischen Gewürzen. Beim Hinabsteigen in die Salzgrotte schimmert warmes Licht herauf. Die Luft wird kühler. Dann der Wow-Moment: Sternenlichter glitzern von den steinernen Höhlenwänden. Salzgrotte oder Sternengrotte? Wie im Märchen funkeln die Salzkristalle sich direkt in die Lunge von Asthmatikern, die Gelenke von Rheumapatienten und die Haut von Neurodermitikern und Schuppenflechtepatienten. Migräne und Stress werden einfach weggeatmet. Für all diese Leiden verspricht die Salzsole Linderung, sogar für Kinder. Während man sich im bequemen Liegestuhl erholt, repariert die gute Luft den Körper. Und das direkt in der Stadt, ohne all die Kilometer an die Nordsee fahren zu müssen. Wie das gehen soll? Der negativ ionisierte Sauerstoff regt die Durchblutung an und weitet die Atemwege. Somit wird das Gehirn besser mit Sauerstoff versorgt, und die Salzsole kann tiefer in die Bronchien vordringen.

Das Ganze geht stündlich, ohne Anmeldung, oder ganz kurz, intensiv alleine, mit Reservierung und in Badekleidung. Verwöhnprogramm mit Gesundwerdefaktor.

NaturSPA und Salzgrotte, Rheinvorlandstraße 10, 68159 Mannheim, Tel. (06 21) 37 09 58 50
www.naturspa-salzgrotte.de
ÖPNV: Straßenbahn 4/4A, Haltestelle Konrad-Adenauer-Brücke, 7 Minuten Fußweg,
Straßenbahn 1, 5/5A, 7, 15, Haltestelle Schloss, ca. 10 Minuten Fußweg

Wo die Inspiration laicht

6 *Kunstvolles Biotop: Altes Klärwerk*

Es gibt wundervolle, verborgene Orte, die man nicht einmal findet, wenn man ihre Adresse kennt. So wie das Alte Klärwerk, wo der heutige Bewohner und Beschützer Rüdiger Krenkel den Traum vieler lebt: abgeschieden, romantisch und selbstbestimmt an einem außergewöhnlichen Ort zu wohnen. Ein verwunschenes Grundstück, auf dem das ehemalige einzige Klärwerk Mannheims, in großen Teilen unter Denkmalschutz, erhalten geblieben ist. Wechselkröten, Frösche und Libellen haben in den ehemaligen Klärbecken heute ihre Brutstätten. Seltene Vögel singen lieblich, weil die alten Robinien ihnen ein wundervolles Zuhause geschenkt haben. Die denkmalgeschützten Gebäude im Stil der Backsteingotik und das zugewachsene Grundstück setzen die inspirierenden, hier entstandenen Kunstwerke perfekt in Szene. Oder umgekehrt? Eine Frage der Perspektive! Ein Biotop um beeindruckende Zeitzeugen? Oder Gebäude, die Geschichte geschrieben haben, mitten im Naturparadies? So oder so – die Natur hat hier ein deutliches Mitspracherecht.

Vielleicht hat der ganze Ort deshalb etwas Mystisches, eine positive, einnehmende Magie. Umgeben von Industrieschornsteinen und dröhnenden Arbeiten im Hafen nebenan blüht hier das Leben, beschützt hinter einem Zaun, völlig unbeeindruckt. Natur, Fortschritt und Technik reichen sich die Hände zum Tanz.

Im Pumpenhaus kann man noch die originalen Wasserpumpen bestaunen. Sie verbinden sich wie selbstverständlich mit den Skulpturen aus schwedischem Granit, Holz und Stahl, die allesamt von der Natur um sie herum inspiriert sind.

Der Zugang zum verwunschenen Wunderland ist über vom Verein Rhein-Neckar-Industriekultur organisierte Veranstaltungen mehrmals im Jahr möglich. Für Kunstfans oder angemeldete Gruppen öffnet Herr Krenkel nach Absprache gern auch sonst mal die schmiedeeisernen Tore. Aber man sollte bedenken: Künstler und Kunst brauchen ein bisschen Ruhe und Abgeschiedenheit, um diesen mystischen Zauber aufrechterhalten zu können.

◉ **Altes Klärwerk, Rüdiger Krenkel, Diffenéstraße 29, 68169 Mannheim, Tel. (06 21) 15 20 82 12**
www.rhein-neckar-industriekultur.de/objekte/altes-klaerwerk-mannheim
◉ **ÖPNV: Bus 53, 58, Haltestelle Weidenwörth, ca. 5 Minuten Fußweg**

Industrieromantik? Hat was!

7 *Friesenheimer Insel mit Blick auf die BASF*

Die Straßen hier heraus sind buckelig. Das Auto wackelt und hüpft sie entlang. Nachdem man ein ganzes Stück die Friesenheimer Insel entlanggefahren und fast schon ganz hinten am Tierheim angekommen ist, sieht man an den Uferwiesen seitlich am Straßenrand vereinzelt Autos parken. Was die hier wohl machen?

Lässt man seinen Blick dann über den Vater Rhein schweifen, ahnt man es: Sie tanken ihre Akkus mit Licht auf. Sie genießen die schier endlose Weite im Norden Mannheims, auf der Friesenheimer Insel, die zwischen Rheinkilometer 428 und 431 von Rhein, Altrhein und Neckar umflossen wird. Nur ca. 1000 Menschen leben auf der Insel, sonst ist alles Industrie und Arbeitstourismus. Hier liegt der Industriehafen, der Altrheinhafen und der „Friesenheimer Becken" genannte Ölhafen. Große Unternehmen wie die BASF, Fuchs Petrolub und Birkel haben sich hier versammelt, um Mannheim voranzubringen. Der westliche Teil der Insel hingegen ist unberührtes Landschaftsschutzgebiet.

Der Blick auf dieser Seite des Rheins über die Felder und Wiesen ist unverbaut. Erst gegenüber bleibt er hängen, an den unzähligen Schornsteinen, Werkshallen und Riesensilos der BASF. Ein Imperium der Produktivität. Eine weltweite Berühmtheit. Eine eigene kleine Welt, drüben in Ludwigshafen. Sie gehört auch zu Mannheim, da sie von vielen Ecken das Stadtbild prägt. Irgendwie ist jeder hier auch ein bisschen mit-stolz. Der Fluss glitzert verführerisch in der Sonne, die Schornsteine stoßen beruhigende weiße Wölkchen aus, und man verliebt sich in den Kontrast aus Stille und produktiver Rund-um-die-Uhr-Betriebsamkeit.

Der Wind pfeift einem gehörig um die Nase, hier oben auf dem Damm. Die scheinbar endlose, ebene Strecke ist ein optimaler Jogging- oder Fahrradweg. Alle Sorgen einfach loslassen, dem Wind übergeben und die Weite genießen. Dabei ist man meistens ziemlich allein. Diese geheime Industrieromantik wissen wohl nur wenige zu schätzen. Ein herrlicher Ort zum Energietanken!

· ·

🔴 Friesenheimer Insel, z.B. Ende der Max-Planck-Straße 51, 68169 Mannheim
🔴 ÖPNV: Bus 58, Haltestelle BASF Friesenheimer Insel, ca. 15 Minuten Fußweg

Who ink the world? Girls!

8 Tattoo-Studio: Tootz & Shellz

Tattoo-Studios kennt man normalerweise als eher unscheinbare, zweckmäßige und maskuline Schuppen, jedenfalls sind sie nicht das, was eine Frau als gemütlichen, entspannenden Wohlfühlort bezeichnen würde. Da sich die Zielgruppe der Tätowierer in den letzten Jahren stark erweitert hat und nicht mehr nur harte Rocker, sondern inzwischen auch weibliche Kundschaft ihre Haut gern individuell verschönern lässt, sahen Tutti und Schwägerin Shelly hier eine echte Marktlücke. Die beiden Tätowiererinnen beschlossen, gemeinsam einen Safe Place für Frauen zu schaffen, ein warmes und gemütliches Tattoo-Studio, das wie die eigene Wohnung zum Ich-sein einlädt: das Tootz & Shellz mitten im Jungbusch, ein Stockwerk über der berühmten Onkel Otto Bar. Dort darf man das Tätowieren von der weiblichen Seite entdecken und fühlt sich sofort geborgen und verstanden. Stilvoll bunt bebilderte Wände unterstreichen die gar nicht männliche Herangehensweise an den Körperkult. Tätowieren in Pink und Weiß.

Mit Liebe zum Detail ausgesuchte Antiquitäten und moderne Möbel ergeben einen Mix, der einem schon vor dem Tätowieren unter die Haut geht. Hier kann man sich ungeniert ausziehen und fühlt sich vollkommen sicher, während einem der eigene Wagemut vielleicht kurzfristig den Atem raubt. Beim Stechen kann man sich ein Sektchen gönnen und super über Mädchenkram quatschen. Tätowiererhände können so weich sein, das ist ja fast schon Verwöhn-Stechen. Kunden sind aber nicht nur Frauen jeden Alters, auch Männer sind willkommen. Sie können ihre Lieblingsideen als Zeichnungen mitbringen und von den Ladies umsetzen lassen. Die Tintenmagierinnen geben diesen dann beim Stechen ihre ganz eigene Note. Schwarz gestochene Tattoos sind das Spezialgebiet der Mädels.

Man kann jeden Tag für zwei Stunden unangekündigt spontan hereinschneien und sich seine Tattoo-Träume verwirklichen. Die restliche Zeit ist für die Kunst an Terminkunden reserviert.

Tootz & Shellz, Jungbuschstraße 8, 68159 Mannheim, Tel. (06 21) 43 73 53 88
www.tootznshellz.de
ÖPNV: Straßenbahn 2, Haltestelle Dalbergstraße, ca. 5 Minuten Fußweg
Straßenbahn 1, 3, 4/4A, 5/5A, 7, 15, Haltestelle Marktplatz, ca. 10 Minuten Fußweg

Fürstlich flanieren am Wasser

 Die Gartenanlage Friedrichsplatz mit Wasserturm

1885 wurde der Friedrichsplatz als Stelle für den Mannheimer Wasserturm ausgewählt. Die angrenzende Fläche sollte zu einem der „schönsten Plätze der Welt" ausgebaut werden. Absolut gelungen! Das attraktivste Foto- und Postkartenmotiv von „Klein-Paris" verdankt seinen Ruhm nicht nur seiner 60 Meter hohen, kurvenreichen Figur und Sandsteinhaut, sondern vor allem auch seiner königlich grünen Umgebung. Unzählige Künstler haben den barocken Turm in ihr Herz geschlossen und huldigen ihm. Aber der Blick von seiner Brüstung hinunter auf das wundervolle Arrangement aus symmetrisch perfekter Weitläufigkeit stellt ihn selbst noch in den Schatten. Ladies and Gentlemen: die größte, schönste, zusammenhängende Jugendstilanlage Deutschlands! Geometrisch ausgeklügelt als die Verlängerung der großen Verkehrsadern, mit vier Freitreppen, einer riesigen Kaskade und einem Wasserbecken.

Hier wird schnell klar: Draußen ist das neue Drinnen. Wer will schon in ein Haus, wenn er hier sein kann? Eine einladende Kraftoase mitten in der Stadt, die zum ruhestiftenden Müßiggang verleitet. Bänke unter den schattenspendenden Arkaden stehen bereit für eine entschleunigende Flanierpause. Einfach mal ins Grün fallen lassen, mit einem guten Buch, und man braucht keinen Urlaub mehr. Man fühlt sich schon hier wie in einem französischen Garten. Wie ein König oder eine Königin wandelt man unter dem mit Wein bewachsenen Spalier, majestätisch schlendert man vorbei an den Sandsteinfiguren, die direkt aus der griechischen Mythologie entsprungen sind. Wassernixen säumen die Wasserbecken der Brunnenanlage auf beiden Seiten. Lauscht man aufmerksam, kann man sie leise rufen hören: Komm zu mir ans Wasser. Diesem Ruf folgen im Sommer nicht wenige: Füße abkühlen im Brunnen steht hier ganz hoch im Kurs. Die üppige Blumenpracht im Frühjahr und Sommer, bunt beleuchtete Wasserspiele am Abend, und der Weihnachtsmarkt am Wasserturm im Winter machen die Anlage zu einem romantischen Treffpunkt für Verliebte – und solche, die es werden wollen.

◉ **Wasserturm, Friedrichsplatz, 68161 Mannheim**
◉ **ÖPNV: Straßenbahn 2, 3, 4/4A, 6/6A, 7, Bus 60, 63, 64, Haltestelle Wasserturm**

Erholung im Krötenparadies

 Der Karlsternweiher im Käfertaler Wald

"And into the forest I go to lose my mind and find my soul." (John Muir)

Mannheim hat das große Glück, den Käfertaler Wald zu haben! Denn nur wenige Freizeitaktivitäten sind für Körper und Seele so entspannend wie die Zeit im Wald. Das liegt daran, dass durch die klare Waldluft der Kopf freigepustet wird. Der hohe Sauerstoffgehalt belebt den Körper und beruhigt den Puls. Manche Studien bescheinigen dem Waldspaziergang sogar einen gesundheitlichen Nutzen, der dem von schweißtreibendem Sport sehr nahekommt. Alternativ zum relaxten Spaziergang beginnt am Karlstern der Trimm-dich-Pfad, auf dem man sich tatsächlich körperlich auspowern darf. Aber auch ohne diese Leibesübungen werden Auge, Herz und Körper hier voll auf ihre Kosten kommen.

Im Käfertaler Wald kann man beinahe grenzenloses Gehölz zu Fuß oder per Fahrrad genießen. Licht fällt tänzelnd durch die Blätterdächer, leuchtet mild, wie ein kleines Versprechen auf die Erfüllung unserer Träume am Ende des Weges. Kurz wird man staunend stehen bleiben und dieses unglaublich vielseitige Farbenspiel genießen – und dann beflügelt weitergehen zum Karlsternweiher. Glatt wie ein Spiegel und still liegt er da. Allein dieser Anblick nimmt einem kurz den Atem und lässt einen achtsam innehalten. Wenn die Augen sich an die Stille gewöhnt haben, entdeckt man langsam die Details. Ein leises Quaken verrät einen Frosch, der sich interessiert die Fische ansieht, die ab und zu auftauchen. Fasziniert nimmt man Platz auf der kleinen Bank und lässt die Natur auf sich regnen. Wildgänse schnattern fröhlich mit Wildenten um die Wette.

Im Frühjahr wandern alle Erdkröten aus dem Wald hierher zum Weiher, der blühender Lebensraum und Schutz für bunte Insekten, Käfer, prächtige Schmetterlinge und glitzernde Libellen, aber auch für Reptilien wie die Ringelnatter ist. Der Karlsternweiher ist wahrhaftig ein Ort für Glücksentdecker!

Käfertaler Wald, Karlsternweiher, 68305 Mannheim
ÖPNV: Straßenbahn 4/4A, Bus 55, Haltestelle Käfertaler Wald, ca. 15 Minuten Fußweg,
Bus 53, Haltestelle Langer Schlag, ca. 10 Minuten Fußweg

Ein Speicher voller Leben

Wunderland Speicher7 Bar & Hotel

Was macht man mit einem riesigen Getreidespeicher am Hafen, der seiner ursprünglichen Verantwortung als Nachkriegs-Kornkammer Mannheims längst entbunden wurde? Jürgen Tekath und seine Partner machten ihn zu einem wunderschönen Ort, an dem die Welt sich trifft, um gemeinsam einen Moment stillzuhalten. Dieses Wunderland, eine lässige Mischung aus mondänem Selbstverständnis und internationalen Einflüssen, besteht aus einem Hotel, der Bar und dem Club Speicher7 mit Tagungsräumen.

Betritt man den Speicher7, taucht man in eine atemberaubend andere Welt ein, in der man sich in der Zeit und sein Herz verlieren kann. Duftende Blumen, positive Energie und Gelassenheit nehmen alle Räume ein. Aufatmen und Ankommen. Die Bar ist ein Ort der Begegnung von Gleichgesinnten, an dem die Zeit langsamer zu verrinnen scheint. Auf der Terrasse am Wasser genießt man im Sommer den weiten Blick über den Rhein. Das Arrangement der Möbel, Accessoires und Kunst, die Visionär Jürgen Tekath aus aller Welt mitbringt, folgt keinem festen Plan und ist am Ende doch perfekt. Das liegt daran, dass die Dinge ihn gefunden haben. „Sie arrangieren sich selbst." Auch im oberen Teil der Vision des „Weltenortes" – in den großzügigen Hotelzimmern. Weitläufige Flure führen in Zimmer mit riesigen Fensterfronten, die den Blick auf den Rhein freigeben. Möwen segeln vorbei auf die Kais, und Schiffe tuckern gemütlich vorüber. Hier kann man komplett in sich selbst versinken. Eine ganz neue Dimension von Auszeit. Jedes mit Bedacht ausgewählte Accessoire wie die Globen, die sich in allen Räumen befinden, erzählt eine eigene Geschichte, in der es nicht um Hotelperfektion nach Richtlinien geht. Jedes Zimmer ist anders. Allen gemein ist Ruhe, Aufgeräumtheit und Natürlichkeit. In einem Raum überrascht ein Badezimmer mit zwölf Meter hoher Decke, wo früher ein Getreidesilo war. Das Ursprüngliche des Speichers, wie Ritzen, Beton oder Rohre, darf in jedem Zentimeter bewusst weiteratmen. Ein stiller Herzschlag am Wasser. Panta rhei.

TIPP Stilvoll genießen bei der Original English Teatime am Sonntagnachmittag.

Speicher7 Bar & Hotel, Rheinvorlandstraße 7, 68159 Mannheim, Tel. (06 21) 1 22 66 80
www.speicher7.com/de
ÖPNV: Straßenbahn 1, Haltestelle Schloss, ca. 10 Minuten Fußweg, Straßenbahn 4/4A,
Haltestelle Konrad-Adenauer-Brücke, ca. 10 Minuten Fußweg

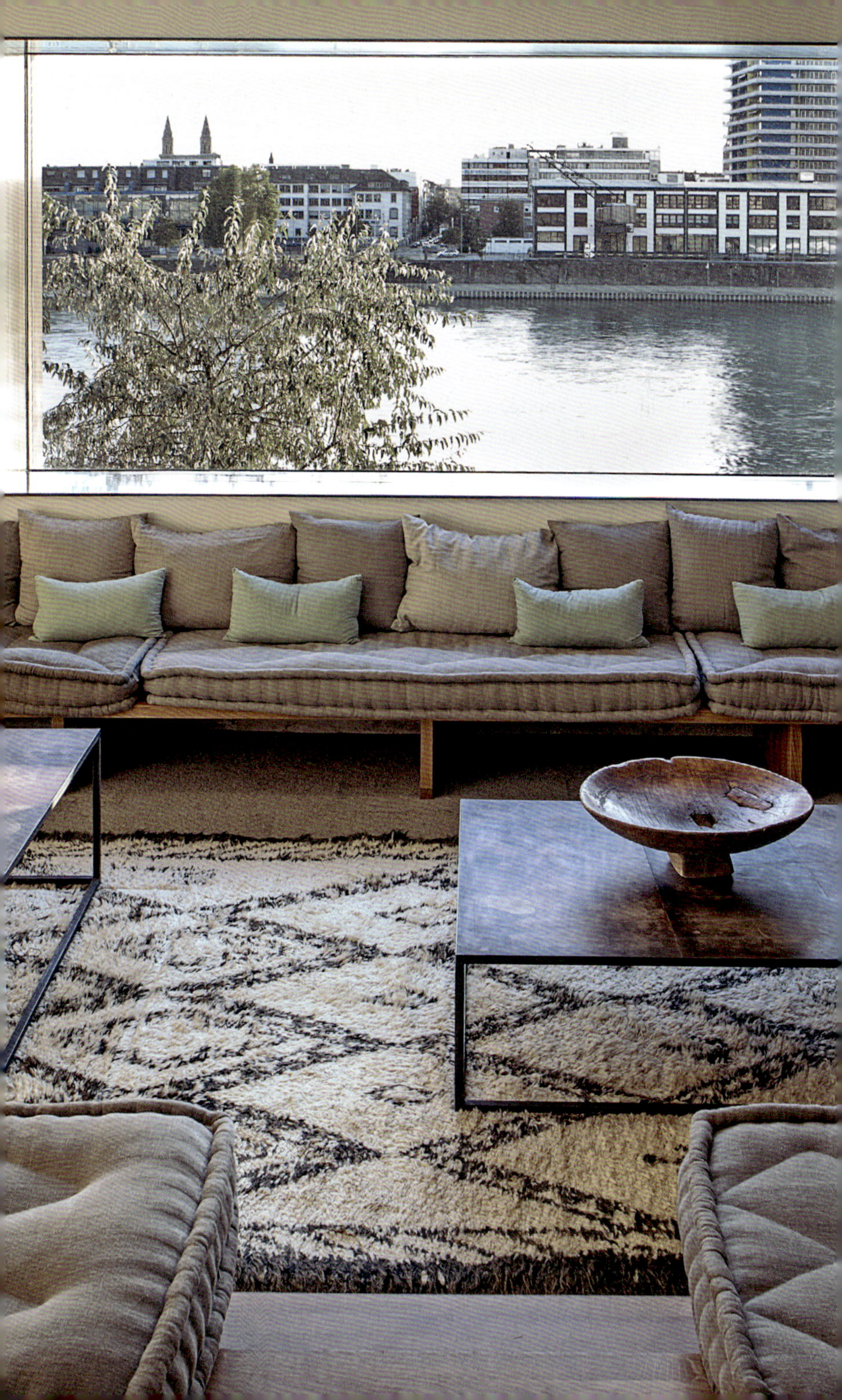

Entdeckung der Langsamkeit

12 *Faszination Neckarschleuse Feudenheim*

Schiffsschleusen sind Bauwerke der Ingenieurskunst, die ihresgleichen suchen. Sie ermöglichen Wasserfahrzeugen enorme Niveauunterschiede zwischen zwei Abschnitten einer Wasserstraße zu überwinden, indem sie sie durch Füllen oder Leeren der Schleusenkammer heben oder senken. Sie sind also ein Verbindungselement, eine Brücke zwischen zwei Welten. Welch ein Glück wir doch haben, dass wir heutzutage technisch in der Lage sind, solche Hindernisse zu überwinden! Bevor es Schleusen gab, konnten Schiffe nämlich nur durch „Treideln" bewegt werden, indem sie von Pferden, Menschen und später dann Maschinen an Ketten flussaufwärts gezogen wurden. In einer Stadt, für die die Schifffahrt immer höchste Bedeutung hatte, weiß man diese Errungenschaften der Technik umso mehr zu schätzen. Im Übergangsbereich zwischen Neckartal, Odenwald und der Neckarmündung in den Rhein verbindet die denkmalgeschützte Feudenheimer Schleuse die unterschiedlichen Wasserspiegelhöhen des Neckars zu einem befahrbaren Netz. Zwei ihrer drei Kammern werden derzeit erneuert und verlängert, um den Anforderungen neuer Schiffe gerecht zu werden.

TIPP *Einen tollen Blick auf die Feudenheimer Schleuse von oben hat man von der Riedbahnbrücke aus.*

Damals wie heute: Die schwimmenden Kolosse auf ihre neue Straße Richtung Bestimmungsort zu hieven, braucht Zeit. Viel Zeit. Zeit zum Einatmen. Und zum Ausatmen. Zum Runterkommen. Manch zufälliger Entschleunigungsshow-Besucher mag hier auf der Maulbeerinsel in Feudenheim vielleicht gerade seine Morgenjoggingrunde oder Fahrradtour absolvieren oder Hund und Kinder in deren unbefangenem Bewegungstaumel bremsen. Denn wenn da unten ein Schiff geschleust wird, dann bleiben alle stehen und staunen. Dinge, die seit hundert Jahren auf die gleiche Weise passieren, faszinieren Jung wie Alt. Hier kann man der Hektik entkommen und zeitlos die Langsamkeit neu entdecken! Welche unbändige Kraft doch in der Natur steckt und welch gewaltigen Aufwand man benötigt, das Wasser zu bändigen. Staunen! Der ideale Ort, um bewusst verlangsamt Glücksenergie zu tanken!

 Neckarschleuse Feudenheim, Neckarplatt 36, 68259 Mannheim
 ÖPNV: Straßenbahn 5, Haltestelle Holbeinstraße, ca. 7 Minuten Fußweg

Kunst im urbanen Kontext

13 Street-Art de Luxe bei Stadt.Wand.Kunst

Wie kann man Menschen auch außerhalb von Museen mit und von Kunst begeistern? Was tun in grauer Tristesse, um die Fantasie der Menschen zu wecken? Man macht einfach Kunstwerke zum Teil der Stadt, dort, wo sonst farblose Mauern Menschen einschläfern, und baut daraus die erste frei zugängliche Galerie Baden-Württembergs: Stadt. Wand. Kunst. Internationale Street-Art-Legenden und aufstrebende regionale Künstler kommen seit 2013 auf Einladung der Alten Feuerwache, des Kulturamts, der Wohnungsbaugesellschaft GBG und von „Montana Cans" nach Mannheim und schaffen großflächige Street-Art auf eigens dafür zur Verfügung gestellten Hauswänden, sogenannte „Murals". Die „Open Urban Art Gallery Mannheim" besteht aus 19 Eyecatchern, Lebensspendern, Wake-up-Calls, Denkhilfen und Motivationsleinwänden. Was es für jeden Einzelnen ist, lassen die Künstler relativ offen. Das entscheidet zum einen der Umgebungskontext, z.B. das Wetter, zum anderen die Stimmungslage und Interpretation der Betrachter aus verschiedensten Kulturkreisen.

Eines der sagenhaften Kunstwerke, ein Herzstück, ist das Bild „New Wave" von den „Low Bros" aus dem Jahr 2017. Als die „Low Bros" nach Mannheim kamen, um „ihre" Wand zu besprühen, stellten sie fest, dass das von ihnen geplante Kunstwerk gar nicht in die Umgebung und zu den Menschen im Viertel passte – und entschieden sich spontan für ein neues. Die atemberaubende rosa Hauswand mit geometrisch akkurater Einteilung spielt natürlich auf Mannheims quadratische Ordnung an. Vom „Eintanzhaus" aus betrachtet sieht man es am besten: ein Browserfenster, das sich wie ein Bild im Bild vom Untergrund abhebt. Darauf schaut ein cooler, futuristischer Wolfskopf durch modern verspiegelte Sonnenbrillengläser, fast als wolle er sagen: „Tradition und Struktur sind notwendig, um Innovationen den Weg zu ebnen. Aber gib auch neuen Ideen eine Chance und verbinde flexibel das Beste aus beiden Welten." Dieser ermutigende Anblick inspiriert dazu, sein durchgeplantes Herz auch mal für Neues zu öffnen.

TIPP Die Stadt bietet regelmäßig Führungen mit vielen Infos zu den einzelnen Kunstwerken an.

● Stadt.Wand.Kunst, am Beispiel des Bild „New Wave" von den „Low Bros", F5, 12, 68159 Mannheim, www.stadt-wand-kunst.de/mural-map (Karte der Kunstwerke)
● ÖPNV: Straßenbahn 1, 3, 4/4A ,5/5A, 6, 7, 15, Haltestelle Marktplatz, ca. 5 Minuten Fußweg

LOW BROS

Wo das Leben pulsiert

14 *Freiluftkino for free im Café Adria*

Wo geht man hin, wenn man tagsüber Unterhaltung sucht, quasi ein bisschen fernsehen will, aber lieber draußen? Und wo kann man dabei einfach mal die Sonne und das Dasein auf sich scheinen lassen und andere beim Leben beobachten?

Schon seit 44 Jahren kann man das am besten bei Urgestein Guiseppe Rindone im Eiscafe Adria im Herzen der Neckarstadt. Die Italiener haben zwar das Speiseeis nicht erfunden, sondern vermutlich die Chinesen, aber herstellen können sie es häufig trotzdem hervorragend. Hier wird es sogar vor Ort frisch zubereitet, und so schmeckt es auch!

Hat man erst einmal einen der 180 Biergartenstühle ergattert, will man gar nicht mehr aufstehen. Zu fesselnd, zu spannend tobt die Lebensfreude Mannheims hier um einen herum. In Empfang genommen vom Dolce Vita bestellt man sich Salatteller oder Eisbecher wie Popcorn im Kino. Bei schönem Wetter kommen sie alle, Arm und Reich, Jung und Alt. Die verkehrsumtoste Ecke gegenüber von den Hochhäusern der Neckarpromenade bringt sie auf wenigen Quadratmetern Beton und Kies zusammen. Eine Kreuzung der Kulturen, ein Querschnitt Mannheims. Hier trifft die schicke Neckarstadt Ost auf die bunte Neckarstadt West, zwei grundverschiedene Welten verschmelzen für ein paar Minuten in einer Eisschokolade. Gibt es da nicht manchmal Differenzen? Guiseppe sagt „Nein".

Das Adria wirkt auf den ersten Blick einfach und unspektakulär, aber es hat absoluten Entertainment-Faktor. In der Hauptrolle: die Realität. Ein Marktplatz der Ereignisse. Denn das Leben selbst erzählt die besten Geschichten. Oder? Haha! Was hat denn der da drüben eben gemacht? Schon denkt man sich mit der Freundin oder der Familie eine lustige Geschichte dazu aus. Inspirationen gibt es hier zuhauf.

Die nächste Open-Air-Kino-Station, der grüne Spielplatz und das sommerliche Grillmekka für alle – die legendäre Neckarwiese wartet nur ein paar Schritte oder eine Eistütenlänge Fußweg entfernt. Direkt nach dem Stadtpulsmesser, dem Alten Messplatz. To be continued …

◗ Café Pizzeria Adria, Lange Rötterstraße 1, 68167 Mannheim, Tel. (06 21) 33 22 10
◗ ÖPNV: Straßenbahn 1, 2, 3, 4/4A, 15, Bus 53, 61, Haltestelle Alte Feuerwache

Wo die Schweine Locken haben

15 *Niedliche Wollschweine im Herzogenriedpark*

Schlecht gelaunt? Es ist ja wissenschaftlich erwiesen, dass das Streicheln von Mitmensch und Tier Glückshormone freisetzt. Wen könnte man denn jetzt wohl gerade streicheln? Die eigenen Liebsten natürlich. Oder Tiere in einem Streichelgehege. Das findet man in Mannheim im Herzogenriedpark. Nein, dafür ist man als Erwachsener nicht zu alt, auch wenn natürlich viele Kinder dort anzutreffen sind. Alle lieben die kleinen gelockten Schweine. Und die witzigen afrikanischen Zwergziegen natürlich. Moment mal: Schweine mit Locken? Verwunderte Kindergesichter.

Die niedlichen Kerlchen mit der borstigen Haarpracht, die ein bisschen wie Kuscheltiere aussehen, heißen Wollschweine und sind eine vom Aussterben bedrohte, alte Nutztierrasse. Hier im Herzogenriedpark im Bauernhof, einer „Nutztierarche", kümmert sich das Tierpflegerteam um Niko Xanthopoulos (der mit den Schottischen Highlandrindern) liebevoll um ihren Fortbestand und den von vielen anderen selten gewordenen Tierarten wie zum Beispiel die Wallachenschafe, die Walliser Schwarzhalsziegen und die Ungarischen Zackelschafe.

TIPP *Wer sich spontan in eines der lockigen Ringelschwänzchen verliebt, kann eine Patenschaft übernehmen.*

Besonders faszinierend: die Schweinchen in ihrem Familiengefüge zu beobachten. Wer ist hier wohl Papa? Mama? Onkel? Wenn ein Schweinchen zu einer Ecke des Geheges flitzt, dann ziehen die anderen nach. Zusammenhalt ist hier ein hochgehaltener Wert. Man tritt im Rudel auf. Wo einer seine süße Schweinsnase reinsteckt, da muss doch ein leckerer Schatz im Schlamm zu finden sein! Beim Zuschauen erhellt sich die Laune sofort. Das Glück liegt hier in der Bereitschaft, sich auf die einfachen Dinge einzulassen und das Leben wieder neugierig wie mit Kinderaugen zu betrachten. Auf den ersten Blick sind das unangenehm riechende, schmutzige Schweine. Schaut man sie jedoch mit achtsamen Augen an, dann werden sie zu Lehrern, die zeigen: Familie und Freunde sind wichtig. Ein Schatz kann sich auch im tiefsten Dreck verbergen. Und das Wetter spielt keine Rolle – wenn die Sonne einem aus dem Herzen scheint.

○ **Herzogenriedpark Mannheim, Max-Joseph-Straße 64, 68169 Mannheim**
Tel. (06 21) 41 00 50, www.herzogenriedpark.de
○ **ÖPNV: Straßenbahn 1 und 3, Haltestelle Neuer Messplatz**
Bahn Linie 4/4A, 5/5A, 15, Bus 61, Haltestelle Bonifatiuskirche

Frühstücken wie in Frankreich

16 *Das Café Pfau*

Wenn es im Winter nachmittags dämmrig wird, gehen vor dem „Café Pfau" die Kerzen in den alten Laternen an und ziehen einen wie magisch hinein. Drin entpuppt sich die Wohnstube mit niedlichen Vintage-Möbeln und Werken wechselnder Künstler an der Wand als entzückender französischer Salle de Séjour.

Zita, die in der Gastronomie aufgewachsen ist, hat das Pfau 2014 eröffnet, dank einer Nacht-und-Nebel-Entscheidung. Plötzlich stand dieses kleine Café neben ihrer Wohnung leer, und zum Glück zögerte sie nicht, die Chance zu ergreifen.

Würde man das Café Pfau zu beschreiben versuchen, Romantik, Bewusstheit und Charme würden es wohl am ehesten treffen. Wie direkt aus Paris importiert. Ein kleines Stückchen Glücks-Auszeit im ehemaligen Arbeiterviertel, der Neckarstadt Ost. Die hat sich in den letzten Jahren ganz schön gemausert! Was lieben die hippen Neckarstädter Stammkunden hier so sehr? Das französische Flair. Die Songs aus „Die fabelhafte Welt der Amélie" verzaubern leise im Hintergrund, aber die Bühne gehört den liebevoll frisch zubereiteten Delikatessen.

Die Frühstücksempfehlungen wechseln je nach Saison. Im Sommer Lachs mit Meerrettich, im Herbst hausgemachter Zimtknoten mit überraschender Kardamomnote an frischem Apfelkompott. Die Äpfel kommen teilweise direkt aus Gärten befreundeter Mannheimer. Serviert wird dieser Gaumenschmaus stilecht auf französischen Etageren.

Das frische, selbst gebackene Brot schmilzt auf der Zunge und verspricht einen grandiosen Start in den Tag. Die handgemachten Kekse knuspern im Mund, und der herrlich duftende Kaffee stammt aus der Mannheimer Rösterei Lauri. Kann man Glück eigentlich schmecken? Fragen wir doch mal den Russischen Zupfkuchen, der einen aus der Vitrine anlacht. Oder den ausgewählten französischen Käse. Oder die hausgemachte Quiche. Für ein bisschen Ruhe geht man einfach weiter ins Stübchen am anderen Ende des schmalen Flurs. Das bequeme rote Sofa steht wie bestellt zu einem Glücksnickerchen bereit.

· ·

◗ Café Pfau, Lange Rötterstraße 76, 68167 Mannheim, Tel. (06 21) 43 77 90 00
◗ ÖPNV: Straßenbahn 4/4A, Haltestelle Lange Rötterstraße, ca. 5 Minuten Fußweg,
Straßenbahn 1, 2, 3, 4/4A, 15, Bus 53, 61, Haltestelle Alte Feuerwache, ca. 10 Minuten Fußweg

Zu Besuch bei den Hobbits

 Naturschutzgebiet bei der Silberpappel

Der Name klingt mystisch, und wer schon mal dort war, weiß auch warum. Wie in einem Hexenmärchen liegt die alte, geknickte Silberpappel im Waldpark in Neckarau im Rhein, mitten in einem märchenhaften Auenwald. Die „Silberpappel", nach der der gesamte Waldbereich um den Baum herum ursprünglich benannt wurde, wurde ganze 250 Jahre alt, musste dann aber leider im Jahr 1936 wegen Altersschwäche gefällt werden. Zweimal musste sie in der Zwischenzeit wieder ersetzt werden. Das heutige Exemplar, eine magische Schönheit, steht ihren Vorgängerinnen aber in nichts nach.

Umgeben ist sie von einem sagenumwobenen Stück Wald, um den sich viele Mythen ranken und in dem Sportgeräte den Weg säumen. Denn der bewachsene Pfad vom Strandbad zur Silberpappel ist gleichzeitig ein Trimm-dich-Pfad. Beim Auspowern im Trend von Freelethics & Co. entdecken Mannheims Wildsportler das Glück der körperlichen Ertüchtigung mit Sauerstoff-High-Garantie in traumhafter Kulisse. Außerdem ist die Silberpappel ein bekannter Ort für Hundeliebhaber. Herrchen und Frauchen dürfen ihre Lieblinge hier, ganz offiziell erlaubt, im Rhein baden schicken.

Die Bäume haben wundervolle Namen wie Korb-, Purpur- und Mantelweiden, Silber- und Schwarzpappeln. Seltene Tiere wie die Wasserfledermaus, der Eisvogel und die Erdkröte fühlen sich im Naturschutzgebiet Auenland wohl. Besonders im Winter oder an nebligen Tagen wandert man wie durch verwunschene Welten und könnte sich durchaus vorstellen, hier auf den einen oder anderen Hobbit zu treffen. Grün leuchtet das meist seichte Wasser der Altrheinschlute, auch „Hagbau" genannt, unter der Silberpappel wie ein kristallener Bergsee. Das ungezähmte Ufer unterstreicht, dass das wahre Leben alles richtig macht, so wie es die Dinge in der Natur erschafft. Träumend nimmt man auf einer Bank Platz. Huscht da eine gute Fee auf dem Waldpfad vorbei? Was war das für ein Knarren? Hier gibt es unendlich viel Raum für Fantasie. Einfach mal dem Alltag entfliehen und sein ganz eigenes Märchen erleben.

● Bei der Silberpappel, 68199 Mannheim
Adresse Restaurant Silberpappel: Kiesteichweg 21, 68199 Mannheim
● ÖPNV Restaurant Silberpappel: Straßenbahn 3, Haltestelle Rheingoldhalle, ca. 15 Minuten Fußweg

Osmanisches Schlaraffenland

18 *Kunstvolle Baklava aus der Pasa Bäckerei*

Nur ein Schritt vom Marktplatz in die kleinen Seitenstraßen, schon ist man in der Türkei. „Little Istanbul" wird das Viertel zwischen Marktplatz, Jungbusch und Kurpfalzbrücke liebevoll genannt.

Angefangen hat alles 1974, als Herr Güney Senior beschloss, die erste türkische Bäckerei in ganz Baden-Württemberg zu eröffnen. Es war ein Wagnis, welches der Deutschtürke da einging, aber er kannte seine Landsleute in Mannheim und wusste: Das wird gut.

Und gut ist maßlos untertrieben für das, was danach kam. Zuerst als Baklava-Tempel und Brotauslieferer, später als Mittelpunkt der türkischen Lebensmittelwelt Mannheims hatte er den Nagel auf den Kopf getroffen. Der Pasa Bäckerei folgten unzählige weitere türkische Geschäfte. Seine Kinder danken es ihm heute, denn sie führen mittlerweile drei Geschäfte: Die Pasa Bäckerei, die Saray Konditorei und das Pasam Restaurant.

Samstags gibt es in den Straßen kaum ein Durchkommen. Es wird verhandelt, eingekauft und getratscht. Alle tummeln sich bunt und vielfältig in und um die Geschäfte herum. Die Mannheimer Türken allerdings kommen samstags nicht hierher, denen ist es dann zu voll. Vor allem Landsleute, die in den Niederlanden, Belgien und Frankreich leben, fahren nach Mannheim, die Stadt ist ein Touristenmagnet für türkisch Verwurzelte.

Vor den wunderschön dekorierten Vitrinen mit Baklava und anderen Spezialitäten quellen einem vor Staunen die Augen über. Überwältigt überlegt man, was man zuerst probieren möchte, und lässt sich einen Karton Genuss vollpacken. Die Verkäuferinnen helfen gerne bei der Auswahl. Hier darf man sich neuen Genüssen öffnen und einer Welt, die einem vielleicht bisher fremd ist. Darum geht es in Little Istanbul. Offen sein und sich treiben lassen mit den Gebräuchen dieser Menschen.

Die Baklava wird von einem Meister der Baklava-Kunst von Hand hergestellt. Der backt dafür 12 hauchdünne Blätterteigschichten aus, um daraus mit Sahne, Walnüssen, Schoko- und Kokosfüllung die süßen Kunstwerke zu erschaffen. Die trägt man dann kiloweise strahlend nach Hause.

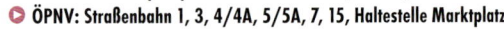

● PaŞa Pastanesi, G2, 9, 68159 Mannheim, Tel. (06 21) 10 32 95
www.pasapastanesi.business.site (türkisch)
● ÖPNV: Straßenbahn 1, 3, 4/4A, 5/5A, 7, 15, Haltestelle Marktplatz

Düne mit Aussicht

19 *Der höchste natürliche Punkt Mannheims*

Schön ruhig ist es hier oben. Man steigt auf die 114 Meter hohe Sanddüne, und plötzlich liegt einem die ganze Stadt zu Füßen. Auch wenn man sie im dichten Baumgedränge nicht sieht und nicht hört, so fühlt man sie doch, wie ein leises Vibrieren in der Luft.

Solche Sanddünen gibt es in der Umgebung seit Ende der letzten Eiszeit vor ca. 10.000 Jahren zuhauf. Die Gegend zeichnet sich insgesamt durch ihre seltene Sandrasenvegetation aus. Man steht jetzt am höchsten natürlichen Punkt Mannheims, der mitten im Dossenwald liegt. Zum Glück ist er für Wanderfans und Höhenliebhaber gut ausgeschildert. Ein tonnenschwerer Sandstein und ein hölzernes Gipfelkreuz markieren und ehren diesen ganz besonderen Ort. Die Luft ist tatsächlich dünn hier oben. Dünn und ausgesprochen klar und rein.

Am besten startet man seinen Entdeckungsfeldzug am Eichhörnchenweg, fährt in den Feldweg gleich gegenüber von Bauer Karls Bauernhof und parkt beim Stall.

Ein liebevoll gefertigtes Holzschild weist den Weg, der sich hügelig durch den bunt leuchtenden Dossenwald schlängelt. Mannheims höchster natürlicher Punkt lag bis zur Eingemeindung 1930 auf der Gemarkung Seckenheim im Seckenheimer Dossenwald, oft auch „Unterer Dossenwald" genannt. So ganz klar ist hier die historische Faktenlage nicht, deshalb nennen manche ihn auch Friedrichsfelder Wald oder Rheinauer Wald. In jedem Fall ist es ein offiziell ausgezeichneter städtischer Mannheimer Erholungswald. Diese Waldgebiete werden wegen ihrer herausragenden Bedeutung für die Erholung der Stadtbewohner besonders geschützt.

Tankt man auf den wunderschönen, idyllischen Rundwanderwegen frische Kraft, dann versteht man sofort, was damit gemeint ist.

Ein paar Hundert Meter nach dem Gipfelkreuz wartet auf den Wanderer eine Schutzhütte, die sonst den Holzarbeitern bei ihrer Pause ein Dach über dem Kopf bietet. Von hier aus kann man bei einer Rast mit einem leckeren Picknick den umwerfenden Ausblick von Mannheims Bergen ins Tal genießen.

· ·

▶ **Höchster natürlicher Punkt Mannheims, Dossenwaldweg, 68229 Mannheim**
▶ **ÖPNV: Bus 43, Haltestelle Alteichwaldsiedlung, dann ca. 20 Minuten Fußweg**

Handwerkskunst mit Herz

 Besonderes aus der Buchbinderei Schrimpf

Annette Schrimpf, deren Urgroßvater, Großvater und Vater schon Buchbinder waren, wirkt in der Buchbinderei Schrimpf, eine von zwei Buchbindereien, die es in der Gegend noch gibt, schon in der vierten Generation. Wenn man abends nach einem Capitol-Besuch oder einem Spaziergang hier vorbeischlendert und staunend innehält, weil drinnen noch Licht brennt, dann ist sie – wie so oft nach Ladenschluss – noch da und bindet bestellte Gästebücher, Fotoalben oder Notizbücher mit ihrer beeindruckenden maschinellen Pappschere von 1872. Im Nebenraum schläft ein begehrtes Sammlerstück, eine Buchdrahtheftmaschine von 1870, von der es weltweit nur noch sieben gibt – sogar mit handgeschriebener Bedienungsanleitung.

Manche Papierträume werden, wie von Großvater Schrimpf damals, direkt vor Ort im Ladengeschäft erfüllt, zum Beispiel individuelle Fotoalben oder ein hübscher Bucheinband. Da alles von Hand angefertigt wird, bleibt das Ergebnis für den Kunden bis zur Abholung eine kleine, freudige Überraschung. Papierliebhaber und Stammkunden lieben den Duft von Leim und Pappe im kleinen Verkaufsraum. Fantasievolle Notizbücher, Adressbücher, hochwertige Lederbücher, ausgefallenes Briefpapier, Postkarten und auch individuelle Sammelmappen reihen sich in den alten Regalen aneinander. Nostalgie ergreift einen. Welch zauberhafter Ort!

TIPP *Ein selbst hergestelltes Tagebuch oder Fotoalbum (mit individuellem Einband) verschenken macht glücklich.*

Manchmal gibt sie in diesen geschichtsträchtigen Räumen sogar Workshops, bei denen man lernt, Bücher selbst zu binden, Geschenkschachteln, Mappen oder Leporellos herzustellen, oder auch über Kalligrafie. Und immer kann man ein bisschen in die goldene Zeit des Handwerks zurückkreisen, die Finger über hochwertige Buchrücken gleiten lassen, fantasieren, was man alles hineinschreiben möchte, und seine Sinne entschleunigen. Zum Glück gibt es Menschen wie Annette, die in unermüdlicher Arbeit und mit Herzblut für den Erhalt einer vergessenen Handwerkskunst kämpft und unseren Kindern und Enkeln so ermöglicht zu sehen, wie Bücher entstanden.

Buchbinderei Schrimpf, Waldhofstraße 8, 68169 Mannheim, Tel. (06 21) 33 31 89
www.buchbinderei-schrimpf.de
ÖPNV: Straßenbahn 1, 3 und Bus 61, Haltestelle Carl-Benz-Straße

Lichtschimmer der Hoffnung

21 *Die Jesuitenkirche*

Warum man auch als Nichtreligiöser sein Glück in der Kirche suchen könnte? Es gibt viele unterschiedliche Glaubensrichtungen und viele Wege und Häuser, um den jeweiligen Glauben auszuleben. Auch und gerade für die multikulturellen Mannheimer. Nicht für jeden ist eine katholische Kirche wie die Jesuitenkirche also automatisch ein Ort des Glücks, den er regelmäßig besucht. Einen Be- oder Versuch ist sie indes für alle offenen Menschen wert.

Tritt man ein, dann stockt einem der Atem angesichts all des Prunks. Typisch für die Epoche des Barock glitzert und glänzt es hier im Überfluss. Man fühlt sich sofort willkommen. Über dem Hochaltar thront eine 75 Meter hohe Vierungskuppel. Gleißendes Licht fällt hindurch und beherrscht die Dunkelheit, herein dringt eine unbeschreibliche Art von Wärme. Ob sonnig oder grau und trist – hier drin bricht es sich tausendfach im Gold der Wände und Statuen und vermehrt sich so auf unbeschreiblich schöne Weise. Es ist still zwischen den grün gepolsterten Kirchenbänken. Irgendwie gibt das Licht einem das Gefühl, dass alles gut wird. Jeder Lichtstrahl beinhaltet hier einen Hoffnungsschimmer, egal in welchem emotionalen Zustand man gekommen ist.

TIPP Hier gibt es wundervolle Gottesdienste und viele bewegende Konzerte, gerade in der Weihnachtszeit!

Plötzlich hat man keine Angst mehr. Alle Sorgen verschwinden für einen Moment in der barocken Lichtkuppel, als würden sie hinausgesogen. Der Prunk macht einem wieder bewusst: Das Leben ist reich, es gibt für alle im Überfluss.

Links auf einer Erhöhung steht eine kleine Statue der Gottesmutter Maria. Setzt man sich auf die weich gepolsterte Bank davor, beruhigt sich im Schein der unzähligen Opferkerzen das Herz. Auch wenn man nicht gläubig ist, umfängt einen Geborgenheit, und man bekommt eine Ahnung davon, was es bedeutet, an etwas zu glauben, das einen festhält und beschützt. Inmitten dieser Schönheit kann man Gott nah sein, mit ihm ins Gespräch kommen und danach gestärkt das Kirchenschiff verlassen. Hinaus geht man irgendwie getröstet und zuversichtlich.

Jesuitenkirche Mannheim, A4, 2, 68159 Mannheim, Tel. (06 21) 30 08 59 00
www.jesuitenkirche.de
ÖPNV: Straßenbahn 1, 5/5A, 7, 15, Haltestelle Schloss, ca. 5 Minuten Fußweg

In die Heidi beißen

22 *Burgerlove bei Mampf und Schmatz in Seckenheim*

Beim Eintreten in den sonnigen Biergarten zwischen weiten Maisfeldern und Hundeplatz weiß man: Ich habe eine Oase entdeckt! Verschlafener Vorort-Biergarten oder kommender Kult? Egal. Wohlfühl-Ort!

Burak, in der Gastronomie groß geworden und seit 2018 Selfmade-Burgermeister Seckenheims, empfängt seine Gäste wie Familie zum entspannten Sonntagskaffee. Nur dass es hier keinen Kaffee gibt, sondern Burger. Riesige, saftige, duftende Bilderbuch-Burger in klassischen und anderen Varianten.

Sie heißen „der Feinschmecker" oder „die Heidi" und schmecken nach Vollkommenheit. Kann Glück eigentlich im Essen sein? Die knusprigen Süßkartoffelpommes suchen anderswo jedenfalls vergebens Konkurrenz. „Wir hatten keinen Businessplan. Wir haben einfach gemacht, was uns gefallen hat. Mit unseren eigenen Händen. Unser Vorteil war der Mut, Fehler zu machen."

Bei Cocktails wie „Rosa Schlübber" oder „Horst, ich liebe Dich" fühle ich mich auf der Couch am Kamin sofort verstanden. Pioniergeist trifft auf gnadenlose Ehrlichkeit, Bodenständigkeit und Coolness. Hungrige holen ihre vorbestellten Burger oder Currywürste ab. Der Dresscode? Come as you are.

TIPP Umgebung für einen ausgiebigen Spaziergang nach dem Essen nutzen. Hunde sind herzlich willkommen.

Ist es so einfach? Am Holztisch vor einem hausgemachten American Cheesecake glaubt man: ja, so einfach. So lecker. So schön.

Geschmacksverliebt fragt man sich, was das „Mampf" so speziell macht. Vielleicht ist es die Nichtperfektion. Makellos chaotisch. Sexy unperfekt. Satte, wohlige Zufriedenheit prägt die Gesichter. Keiner bemüht sich, seinen Burgerbauch einzuziehen. Wozu verstellen? Wir sind doch alle Nachbarn. Fühlt sich an wie zu Hause.

Die, die gehen, nehmen ein Stück vom Glück mit, einfach mal keinen Plan und kein Konzept haben. Kopf aus, Geschmack an. Jeder, der geht, fühlt einen starken „Ich-komm-wieder-Drang".

▶ Mampf und Schmatz, Suebenheimer Allee 10, 68239 Mannheim, Tel. (01 77) 9 76 99 73
www.mampfundschmatz.de
▶ ÖPNV: Bus 40, Haltestelle Pumpwerk, ca. 5 Minuten Fußweg, Bus 43,
Haltestelle Meßkircher Straße, ca. 5 Minuten Fußweg

Wo die Vögel Könige sind

23 *Naturparadies Reißinsel*

Wo rasten eigentlich die Vögel, wenn ihnen auf ihrer Reise in den warmen Süden über Mannheim die Puste ausgeht? Sie nutzen 100 Hektar unberührte Wildnis, einen der bedeutendsten Vogelruheplätze und Brutgebiete in der ganzen Rheinebene namens Reißinsel. Diese befindet sich in einer Rheinschlinge bei Mannheim Neckarau.

Von März bis Juni brüten hier etwa 60 Vogelarten wie der Eisvogel, der Schwarzmilan, der Steinkauz und der Teichrohrsänger. In der Brutzeit gehört die Insel der Natur ganz allein. Das Betreten ist dann verboten. Ihren Rückzugsort hat die Natur 1881 ihrem einstigen Käufer Carl Reiß zu verdanken. Der entschied, sie nach seinem Tod der Stadt Mannheim und ihren Bürgern zu vermachen unter der Bedingung, dass sie immer in ihrem ursprünglichen natürlichen Zustand erhalten bliebe und die Einwohner Mannheims sich kostenlos auf ihr erholen dürften.

Der einzige Teil des Gebietes, den man begehen kann, ist die Kuckucksinsel. Streuobstwiesen, Schluten, Bannwald und Rhein fügen sich hier zu einem perfekten Erholungspuzzle zusammen: Natur in Reinform.

Schnell bemerkt man, dass man im Reich der Tiere und Pflanzen als Mensch nur zu Gast ist. Alles hier ist so herrlich unperfekt, und doch ist es perfekt arrangiert, wie die Natur es für richtig hielt. Der Bannwald wird zum Beispiel nicht forstwirtschaftlich bearbeitet, sondern genauso belassen, wie er sich selbst erschaffen hat.

Die Vögel singen so laut, weil sie wissen, dass sie hier unter sich sind. Das alles ist ihr Königreich. Was war das? Lange nicht gehörte Vogelstimmen erinnern an Kindertage im Freien.

Das Areal ist so riesig, dass man lange allein die Stille entlang der natürlichen Strände des Rheins und Bellenkrappens genießen kann. Sogar Muscheln findet man hier an den Stränden. Herrlich erdende Spaziergänge, bei denen die Natur der Führer ist. Hier kann man frische Kraft sammeln. Eine Idylle zum Träumen, in der man endlos weitergehen möchte, bis die Sonne vor den Industriekränen im Rhein versinkt.

• •

Reißinsel, 68199 Mannheim
ÖPNV: Bus 49, Haltestelle Strandbad, ca. 10 Minuten Fußweg zur Kuckucksinsel

Küsse & Küche mit Aussicht

24 *Lecker feiern in der Küche Mannheim Jungbusch*

Wenn man die perfekte Location für ein romantisches Date sucht, wie sollte die wohl sein? Vielleicht eine Dachterrasse, von der man, nach einem fürstlichen Mahl, mit einem Cocktail in der Hand den Blick über den Hafen schweifen lassen und die Schönheit der Stadt bewundern kann?

Sie ist hier: Auf dem Dach des Musikparks im Jungbusch, gleich neben der Popakademie, einer der städtisch geförderten Musikschmieden der geheimen Popmusikhauptstadt Deutschlands, ganz oben im fünften Stock. Wenn Schornsteine und Kräne bunt im Hafenbecken glitzern, verliebt man sich gleich nochmal so schnell.

Wenn allerdings eine der legendären Feierlichkeiten in der Küche stattfindet, dann stapeln sich die Gäste auf der Terrasse, um diesen phänomenalen Blick auf die Brücken, Steam-Cracker der BASF und die Neckarspitze zu genießen. Dann muss man die Romantik eben mit anderen Flirtwilligen teilen. Nicht ohne Grund: Es fühlt sich ein bisschen wie Fliegen an. Und wenn unten im Hafen 49 eine der legendären Partys steigt, dann hat man von hier einen grandiosen Überblick über die Tanzenden. Auch drinnen, im überdimensionalen Wohnzimmer mit offener Küche, hat man stets den Weitblick über die Landungsbecken. Popakademie-Studenten, Kreative, Künstler, Manager oder Stars – sie alle genießen die gemütliche Atmosphäre, in der man sein darf, wie man ist, und laben sich an erlesenen Pfälzer Weinen oder am bodenständigen Bier. Es gibt hier zwar ein regional bedacht eingekauftes Speiseangebot von hoher Qualität, aber keine steife Etikette. Die Karte ist übersichtlich, und besondere Gerichte, die der Koch hier vor den Augen der Gäste zubereitet, wechseln sich saisonal ab. Beim Essen zergeht einem die Sorgfalt, mit der die Speisen gekocht werden, auf der Zunge und rutscht mit hinunter bis ins Herz.

Wenn man dann nach dem Date den Fahrstuhl nach unten nimmt, dann weiß man es wieder: Liebe geht durch den Magen. Und gemeinsame, außergewöhnlich schöne Aussichten verbinden.

TIPP *Überraschende Frühstücksangebote mit Weitblick probieren und auch mal die Schwesterfiliale im Quartier Q 6, Q 7 besuchen!*

➲ Die Küche Mannheim Jungbusch, Hafenstraße 49, 68159 Mannheim, Tel. (06 21) 39 74 77 33, www.diekueche-mannheim.de
➲ ÖPNV: Straßenbahn 2, Haltestelle Dalbergstraße, ca. 10 Minuten Fußweg, Bus 60, 62, Haltestelle Am Salzkai oder Haltestelle Popakademie, Straßenbahn 6, Haltestelle Handelshafen, ca. 10 Minuten Fußweg

Versteckte Genuss-Romantik

25 *Mediterranes Flair im Atelierhof Seckenheim*

In Seckenheim, das als Ort bereits 766 im Lorscher Codex erwähnt wurde, findet man zahlreiche historische Bauwerke: alte Bauernhäuser, Fachwerkhäuser, Tabakscheunen und Innenhöfe. Zum Glück wurden viele dieser Zeitzeugen aus früheren Tagen stilvoll restauriert und umgenutzt und so als Inspiration für die Nachwelt bewahrt.

Wie der Atelierhof 113, direkt an den Seckenheimer Planken. Auffallend dezent in Fliederfarben verschönert er die Hauptstraße. Seinen klangvollen Namen trägt der Innenhof mit Stolz, ist er doch berühmt für seine Kunstausstellungen im Schatten der uralten Tabakscheunenmauern, liebevoll umgesetzten Kreativ-Events und Langen Nächte der Kunst und Genüsse. In diesen alten, typischen Scheunen hingen vor ein paar Jahrzehnten die Tabakblätter der ortsansässigen Bauern zum Trocknen, statt der edlen Handtaschen des UNICO – Haus der Marken und Manufakturen, die man dort heute beäugen kann.

Im Sommer schenken die Gemäuer jedem ihre herrlich dunkle Kühle. Hier findet man Schatten, wenn man eine Pause braucht. Im Winter halten die Betreiber der kleinen schnuckeligen Lädchen immer ein wärmendes Getränk oder heiße Shoppingbeute bereit.

TIPP Hervorragende Weine und mediterrane Antipasti im MaFiné probieren.

Gemäß dem Trend Arbeiten und Leben unter einem Dach schufen die Macher um Herrn Eberhard hier ein perfektes Zusammenspiel von Wohnen und Gewerbe, das sich in der Nutzung ergänzt und mit Respekt begegnet. Man fühlt sich erinnert und verliebt sich doch in die neue Mischung aus Entspannen und Entdecken.

Ein leckerer Kaffee bei „MaFiné", dem Delikatessenbistro, oder ein Shoppingstopp bei zukünftigen Lieblingsstücken im „Living2" oder bei „Unico"? Schnabulieren, Plaudern und Shoppen, ungestört und heimelig. Nur einen Steinwurf von der Bus- und Bahnhaltestelle und den nahe gelegenen Geschäften entfernt, fühlt man sich geborgen zwischen uralten Gemäuern, aus denen der Staub in liebevoller Detailarbeit gründlich herausgeblasen wurde. Heimat kann so trendy sein.

⬤ Atelierhof 113, Seckenheimer Hauptstraße 113, 68239 Mannheim
www.atelierhof113.de
⬤ ÖPNV: Straßenbahn 5, 9 Express, Bus 40, 43, 44, Haltestelle Seckenheim Rathaus

Mitfiebern im Adlerhorst

26 SAP Arena Mannheim

Von Weitem könnte man meinen, in Mannheim Neuhermsheim sei ein Ufo gelandet. Aber Mannheim-Kenner wissen: Das ist der Horst der Mannheimer Adler und eine riesige Location für Veranstaltungen wie Konzerte, Boxkämpfe und Events aller Art – die SAP Arena. Von der Form her könnte es auch ein Nest sein, das Nest der majestätischen Eishockey-Vögel, ja, es ist die Homebase des Mannheimer Erfolgsteams. Heimatstolz und Sportbegeisterung werden hier zu unvergesslichen Glücksmomenten. Die Zuschauer der Spiele sind ihrer Stadt und ihrer Mannschaft in tiefer Fanliebe verbunden. Wer einmal hier in der Arena dabei war, der weiß: Kollektives Glück ist das mitreißendste. Fällt ein Tor, dann tanzt und singt die komplette Zuschauertribüne im Freudentaumel. Gibt es eine Strafzeit gegen die Homies, entlädt sich kollektives Entsetzen. Der Arena-Sound begleitet jede Spielsituation emotional passend zum Mitschreien und Mithüpfen. Ja, sogar ein Torbully kann tänzerisch umgesetzt werden. Jeder weiß sofort, wie es geht, und wird Teil der Verbundenheit, wird einfach angezündet. Vom tiefsten Entsetzen zu höchster Freude und zurück in 20 Sekunden. „Den blau-weiß-roten Walzer tanzen wir!" tönt es aus allen Ecken. „Du mit mir – ich mit dir." Der Nachbar singt schief. Aber die Emotionen verzeihen das. Es riecht nach Weinschorle und nach Sieg.

Die SAP Arena ist bei all ihren unzähligen Events mit bis zu 15.000 Zuschauern eine unglaubliche Emotionsfabrik. Wellen der Begeisterung schwappen sicher, gut geplant und organisiert durch die Reihen. Egal wer auftritt, der magische Ort an sich und die Menschen, die sich in ihm versammeln, machen alles zu einem unvergesslichen Erlebnis. Nicht nur Mannheims Superstars Xavier Naidoo und Bülent Ceylan geben sich hier die Ehre, sondern auch Berühmtheiten aus aller Welt wie z.B. Elton John oder die Backstreet Boys.

Achtung! So ein Arenabesuch kann leicht zur Sucht werden – oder zur Dauerkarte. Und wen die Arena gar nicht mehr loslässt – man kann hier sogar heiraten!

SAP Arena, An der Arena 1, 68163 Mannheim, Tel. (06 21) 18 19 02 04
www.saparena.de
ÖPNV: Straßenbahn 6/6A, Haltestelle SAP Arena Süd, S-Bahn S1, S2, S3, S4,
Straßenbahn 6/6A, Haltestelle Mannheim Arena/Maimarkt, Bus 45, 50, Haltestelle SAP Arena

Der leckerste Dreck der Welt

 Die Konditorei Herrdegen

Ein unwiderstehlicher Duft weht einem aus E2, 8 entgegen. Wer Lust auf phänomenalen Geschmack mit Tradition hat, sollte ihm folgen. Schon vor dem Schaufenster der Konditorei Herrdegen strahlt das Besucherherz mit den detailverliebten, handgemachten Motivtorten um die Wette. Die Bilderbuch-Pralinen scheinen einen einzuladen: „Komm rein und mach dich glücklich!" Die Einrichtung hier wirkt antik-charmant und traditionell. All diese leckeren Kuchen, Taler, Pralinen und Backwaren lassen einen dastehen wie ein Kind im Bonbonladen: fasziniert, verliebt, verzaubert. Der Christstollen ist goldprämiert, der handgemachte Baumkuchen mehrfach ausgezeichnet. Es ist ziemlich viel los hier. Kein Wunder! Das Café ist weit über die Stadtgrenzen hinaus bekannt und fest etabliert in Mannheims Kaffeekultur.

Schon seit 1940 schenkt Familie Herrdegen im denkmalgeschützten Familienhaus duftenden Kaffee aus. Tradition ist hier sowohl bei der Back- und Konditorkunst als auch beim Cafébetrieb oberstes Gebot. Was nicht heißt, dass seitdem nicht auch moderne Elemente der Kaffeekunst Einzug gefunden haben. Wer in Mannheim eine süße Gaumenfreude zum Verschenken oder Sich-selbst-Belohnen sucht, der ist hier an der richtigen Quelle. Das beliebteste Geschenk ist die berühmte Mannheimer Lebkuchenspezialität „Mannemer Dreck".

TIPP *Unbedingt den Baumkuchen und den Mannemer Dreck probieren!*

Vor allem die Stammkunden, die schon seit Jahrzehnten herkommen, lieben die urige Atmosphäre, wie in einem alten Film. Teilweise treffen sie sich heute zum Sonntagskaffee schon mit den Enkeln. Die beste Freundin freut sich sicher, wenn man sie in digitalen Zeiten wie diesen mal wieder auf ein reales, duftendes Stück Kuchen einlädt! Ja, ein Grund für die Faszination hier muss diese Anmutung von Erinnerung an gute alte Zeiten sein, die sich mit dem Heute der Smartphone-Generation mischt. Eine junge Kundin beendet ihren Chat und lässt sich wieder ganz auf ihren Käsekuchen ein. Sie lächelt. Den Geschmack von selbst gebackenem Kuchen kann man eben nicht virtualisieren.

Konditorei und Kaffee Herrdegen GmbH, E2, 8, 68159 Mannheim, Tel. (06 21) 2 01 85
www.cafe-herrdegen.de
ÖPNV: Straßenbahn 1, 2, 3, 4/4A, 5/5A, 6/6A, 7, 15, Haltestelle Paradeplatz,
ca. 3 Minuten Fußweg

Die Sau rauslassen

28 *Zurück zur Natur im Wildgehege Rheinauer Wald*

Zu viel im Kopf? Lust auf Runterkommen? Auf frische Waldluft und die erdende Kraft der Bäume und des duftenden Waldbodens? In Mannheim gibt es unzählige, wunderschöne Wälder, um Kraft zu sammeln. Zum Beispiel den Rheinauer Wald. Betritt man ihn vom Parkplatz am Friedrichsfelder Weg aus, dann spürt man, wie mit jedem Schritt, den man hineingeht, die Alltagswelt von einem abfällt. Hier kann man abschalten und sich wieder auf die wichtigen Dinge des Lebens besinnen! Aber was ist wirklich wichtig? Die Wildschweine hier im Wildgehege haben da ein paar Ideen. Wenn sie einen mit ihren großen, dunklen Augen ansehen, treu, lieb und schmutzig, ist man sofort ein bisschen verliebt. Genüsslich wälzen sie sich im Schlamm oder sonnen sich in großen Pfützen. Sie meinen: Schlafen, Essen und Familie zählen. Ach ja, und nach Herzenslust Sauerei machen. Ohne aufzuräumen! Es fühlt sich an, als wollten sie einem sagen: Nimm dich selbst nicht immer so wichtig. Pläne, Etikette, Eitelkeiten und Streit. Alles Nebensache. Das Glück liegt in den einfachen Dingen. Die Natur als Ursprung allen Lebens zu begreifen, gelingt besonders gut, wenn hier im Frühjahr die kleinen Knutschkugel-Frischlinge das Licht der Welt erblicken. Fasziniert bestaunen sie das Leben und regen zum Nachahmen an.

Entlang der ausgeschilderten Wanderwege kommt man auch zu weiteren Gehegen. Mitten im Nirgendwo steht plötzlich ein Auerochse auf der Wiese – vom Besucher gerade noch durch einen Zaun getrennt. Seit 250.000 Jahren gibt es ihn in seiner Urform in Deutschland, obwohl er zwischenzeitlich als ausgestorben galt. Er wurde dann rückgezüchtet. Kalt oder warm? Den Auerochsen ist das egal. Sie machen sich darum keine Gedanken. Hier im Dossenwald leben sie in einer Wild-WG mit den Mufflons. Sie bestehen allerdings zum Abschaben ihrer steinbodengewöhnten Hufe auf den Steinhügel in der Mitte des Wohnzimmers.

Ein Besuch hier ist tierisch anders. Befreiend. Einfach mal Grün atmen und den Fokus verändern wirkt Wunder!

Wildgehege Rheinauer Wald, Hallenweg 81, 68219 Mannheim
ÖPNV: Straßenbahn 1, Haltestelle Waldseestraße, ca. 25 Minuten Fußweg

Ich kann übers Wasser gehen

29 *Der Collini-Steg*

Wer den schönsten Blick über die Neckarseite der Stadt sucht, der muss auf den „Collini-Steg". Zugegeben, dieser Überweg ist nicht gerade der schönste seiner Art. Eigentlich ist die 253 Meter lange Fußgängerbrücke, eine sogenannte Schrägkabelbrücke, sogar ziemlich unattraktiv. Sagen wir speziell. Und dann verbindet sie auch noch mehrere üble 70er-Jahre-Bausünden miteinander. Eine davon ist die Neckarpromenade, die andere das Collini-Center, das damals eine Innovation war wegen seiner Intention, Wohnen, Arbeit und Freizeit unter einem Dach zu vereinen. Da war klassische Schönheit einfach Nebensache.

Aber schon beim Aufstieg am Collini-Center beginnt man zu ahnen, dass man nach dem Blick von oben alles anders sehen könnte – auch die Brücke selbst. Einfach mal offen bleiben für neue Perspektiven.

Oben ist klar: Das hier ist der perfekte Ort, um Gedanken zu sortieren, in sich zu gehen und mitten in der Stadt über den Dingen zu stehen. Die Stadt liegt einem zu Füßen. Schaut man Richtung Fernsehturm, erstreckt sich der komplette grüne Mannheimer Süden bis an den Horizont. Besonders bei Nacht raubt einem der Blick auf die Lichter der Stadt, die sich im Neckar brechen, den Atem. Der Blick über den Tellerrand ist es, der diesen Ort so spannend und anziehend macht. Mannheim präsentiert seine bunten Facetten inklusive der neuen LED-Leinwand auf dem MVV-Hochhaus hier voller Heimatstolz.

Schaut man nordwärts, Richtung Kurpfalzbrücke, und erblickt dort das Industriegebiet mit Hafen und den Jungbuschbrücken, dann packt er einen – der typische Industriecharme, der rauchige, der schmutzige. Fühl doch mal!

Unten auf der Neckarwiese erfreut man sich an familiärem Treiben. Hier tobt bei wärmeren Temperaturen das wahre Mannheimer Leben. Hund, Herrchen, Kind und Kegel fläzen in der Sonne und genießen die schönen Seiten des Seins.

Die Stadt an Rhein und Neckar will bald sogar noch näher ans Wasser rücken. Wenn man sich das hier so anschaut – eine super Idee!

⬤ **Collini-Steg, 68167 Mannheim**
⬤ **ÖPNV: Straßenbahn 5, Haltestelle Collini-Center, Straßenbahn 2, Haltestelle Theresienkrankenhaus, ca. 7 Minuten Fußweg, Straßenbahn 7, Haltestelle Gewerkschaftshaus, ca. 5 Minuten Fußweg**

Wie in alten Zeiten

 Übersetzen mit der Altrheinfähre Sandhofen

Entlang der Kalthorststraße, vorbei an der „Balkanperle", den Kleingärten und dem Sandhofener Schwimmbad, nimmt der Ruhesuchende seinen Weg in die Felder. Die Stille wird lebendig. Der Wind treibt einen immer weiter in Richtung Wasser. So läuft man befreit, fernab vom Trubel der Stadt, in Sandhofen der Sonne entgegen. Bloß nicht ins Wasser fallen vor Freude! Emma, die Altrheinfähre, wartet hier am Ende nur in den Sommermonaten. Dann bringt sie die fahrradfahrenden Abenteurer, die drüben die grünen Weiten erkunden wollen, die fleißigen Arbeiter, die in den Industrieschmieden der Friesenheimer Insel tätig sind, oder die Bauern, die ihre Felder bewirtschaften, sicher hinüber.

Auf der anderen Seite landet man direkt am Mannheimer Tierheim und beim Gasthaus Dehus. Die Überfahrt bietet eine besinnliche Ruhepause. Kopf aus – Dieselmotor an!

Auch mit dieser kleinen Autofähre schreibt Mannheim mal wieder Technikgeschichte: Die Altrheinfähre ist die älteste noch im Regelbetrieb eingesetzte Grundkettenfähre in Deutschland. Allein schon deshalb ist sie eine Überfahrt wert! Man macht eine Zeitreise in die Zeit, in der ICE-Trassen und Flugrouten nicht einmal denkbar waren. Damals wurden Fähren nicht mit Motoren angetrieben, sondern noch an Grundketten entlanggezogen. Der nette, lustige Fährmann ist täglich außer montags einsatzbereit und freut sich immer über Besuch. Allerdings macht auch er mal eine Mittagspause, um seine Stullen zu genießen. Wozu Hektik bei dem Schnäppchenpreis von 50 Cent pro Person?

TIPP *Auf jeden Fall mal bei Dunkelheit sich hier zum Fähranleger trauen – es lohnt sich!*

Der Fähranleger am Bonadieshafen ist auch sonst ein toller Ort zum Runterkommen. Nur die leise schnatternden Enten leisten einem Gesellschaft. Blickt man nach links, entdeckt man die Neckarspitze, an der Neckar und Rhein zusammenfließen. Ein ganz besonderer Anblick ist das bei Nacht! Rechts liegt ein Schiff auf dem Trockendock. Ob es wohl auf den Sommer wartet, dass es endlich wieder seiner Bestimmung folgen darf? Wovon wohl die Schiffe träumen, wenn sie schlafen gehen?

● Kalthorststraße 100, 68307 Mannheim
● ÖPNV: Straßenbahn 3, Haltestelle Sandhofen, ca. 15 Minuten Fußweg

Kaffeesophie

 ### Café BRUE im Quartier Q 6 Q 7

Was zum Teufel ist „Cold Drip"? Oder „Kaffee-Siphon"? Klingt wie böhmische Dörfer. Ist aber in Wahrheit eine Philosophie. Oder eher Kaffeesophie. Kaffeekultur im urbanen Stil. So was gibt es im BRUE, das so heißt, weil es in Zeiten der Hightech-Kaffeemaschinen auf die unzähligen Arten, wie man Kaffee brühen kann, aufmerksam machen will. Mannheim als Hafen- und Handelsstadt hat eine alte Kaffeekultur. Hier wird sie zelebriert und sinnlich erlebbar gemacht.

„Kaffee Honduras SHG, Varietäten: Caturra, Pacas Bourbon" – vor Ort, im gemütlichen Café, kann man zunächst versuchen, sich die Unsicherheit über diese Begriffe an der Tafel nicht anmerken zu lassen.

Kaffee ist hier nicht einfach Kaffee. Kaffee ist hier ein Schauspiel. Die Hauptrolle bekommt dabei nicht – wie üblich – das beliebte braune Heißgetränk selbst, sondern die Art, wie er gebrüht wird, und seine Herkunft. Die gläserne Kaffeekanne leuchtet glühend rot auf, wenn die Bohnen in ihr erhitzt werden. Man fühlt sich unglaublich wertgeschätzt, wenn der bestellte Kaffee dem gut aussehenden Barista eine solche Hingabe bei der spektakulären Zubereitung abverlangt. Ob man die nachher auch schmecken kann?

TIPP *Unbedingt bei der Kaffeezubereitung zuschauen! Sehenswert.*

Die Sitzmöglichkeiten sind weit verstreut, in der Lobby des luxuriösen Radisson Blu Hotel, Mannheim, im BRUE selbst, mitten im Quartier Q 6 Q 7, und im Sommer auch auf dem schicken urbanen Vorplatz. Duftender Kaffeegeruch wabert durch die offenen Räume. Während des Kaffeegenusses andere Menschen zu beobachten, wie sie draußen stolz ihre Shopping-Beute nach Hause schleppen und dabei eine Runde mit der besten Freundin tratschen – zu unterhaltsam! Aber auch wer keinen Kaffee trinkt, hat hier mehr als genug Auswahl an Gaumenschmeichlern. Es gibt hausgemachte Limonaden, Kuchen und heiße Cioccolata, die ihren Namen verdient. Sie zergeht auf der Zunge wie geschmolzene Schokolade. Genüsslich Schlürfen wird doch wohl erlaubt sein. Was nun all die seltsamen Begriffe bedeuten? Einfach herkommen und selbst herausfinden.

Café BRUE, Q7, 27, 68161 Mannheim, Tel. (06 21) 33 65 00
www.cafebrue.de
ÖPNV: Straßenbahn 2, 3, 4/4A, 6/6A, Haltestelle Strohmarkt

Sommer über den Dächern

 32 *Genießen in der ROOF Bar Mannheim*

Roof Bars sind mittlerweile als etablierter Trend aus den USA auch hier in Mannheim angekommen. Wer einmal auf und über den Dächern der Stadt gethront und relaxed hat, der weiß warum: Es gibt kaum etwas Verlockenderes, als dem Trubel der Stadt zu entfliehen und ganz oben weit über den Dingen zu stehen. Das Geschehen überblickend und den Nachthimmel im Rücken lässt es sich unvergleichlich beflügelt feiern oder einfach genießen.

In der Tiefe auf der Shoppingmeile Planken und im Quartier Q 6 Q 7 herrscht geschäftiges Treiben. Wie Ameisen bewegen sich die Menschen unten, wie Figuren auf einem Spielbrett, auf dem man sie nach Belieben hin und her bewegen kann, je nachdem wie der Würfel fällt. Der Gewinner erhält dann einen köstlichen Drink von der Bar inmitten des Raumes, um die sich die Besucher scharen. Hierher kommen natürlich Hotelgäste aus aller Welt, aber auch die Mannheimer lieben diesen Platz über den Dächern der Quadratestadt. Mittlerweile Kultstatus haben die legendären Afterworkpartys, für die sich so mancher gerne geduldig in lange Einlassschlangen einreiht. Sehenswerte Partypeople, mitreißender Groove und legendäre Musik von stadtbekannten DJ-Stars könnten einem sonst entgehen. Eine Symphonie in Rot und Rosa. Die Sonne geht unter. Was für ein Gänsehaut-Highlight!

TIPP Keine Reservierungen möglich, daher hat man immer die Möglichkeit spontan einen Platz zu bekommen.

Aber auch im Inneren der ROOF Bar auf dem Dach des Radisson Blu Hotel, Mannheim gibt es viel zu sehen und zu probieren. Die Speisekarte verspricht Gaumen-Glücksmomente in Form von hausgemachten Frühlingsrollen mit Erdnussdip und legendären Burgern, gepaart mit einer experimentell-bunten Getränkekarte. Die Barkeeper, deren Reich sich in der Mitte des Geschehens befindet, sind bekannt für ihre Kreativität. Sie tüfteln ständig neue Kreationen mit infusionierten Spirituosen für das Partyvolk aus. Die Lichter der Stadt unten verschwimmen allmählich im Cocktailglas. Tanzend nimmt man den Fahrstuhl wieder nach unten. Diese Nacht wird bestimmt voller bunter Ameisenträume!

▶ ROOF Bar Mannheim, Q7, 27, 68161 Mannheim, Tel. (06 21) 33 65 00
www.roofbar-mannheim.de
▶ ÖPNV: Straßenbahn 2, 3, 4/4A, 6/6A, Haltestelle Strohmarkt

Lange Neckarstädter Nächte

33 *café|bar Alte Feuerwache*

Mannheim ist das Mekka der Musik. Sehen kann man das jedes Jahr auf dem Stadtfest, beim Fasching und an Einrichtungen wie der Städtischen Musikschule, der Musikhochschule und der Popakademie. Und in der berühmten Alten Feuerwache. Sie ist Partylocation und Kulturgut, Meet-up-Place und Veranstaltungsmekka. Wo früher Feuerwehrsirenen heulten, groovt heute auf rauschenden Partys feinster Hip-Hop, Klassik und Jazz. Dabei wird oft vergessen: Ihre kleine Schwester, die „café|bar Alte Feuerwache" im selben historischen Gebäude, hat immer geöffnet, außer montags. Da hat sie nicht geöffnet, da wird sie erobert. Eine Horde wilder, lustiger Musikfans übernimmt seit 20 Jahren jeden Montag ab 21 Uhr das Regiment, viele davon sind Studierende der Musikhochschule Mannheim, manchmal schauen aber auch Jazz-Größen wie Till Brönner, Esperanza oder Patrice nach einem Auftritt spontan vorbei.

Am Anfang der „Jam Session" versetzt eine kleine Band das Publikum in Ekstase, ganz nach dem Vorbild der Jazz-Clubs in den USA. Überall musikbeseelte Gesichter, entführt, versunken in die Töne. Zaubert Musik eigentlich Farben? Hier in der schummrigen „café|bar" scheint es so. Mit jedem Ton leuchtet die Bar bunter, jede Frequenz hat ihre eigene Farbe. Später können Laien spontan mit einsteigen. Jazz, Funk, Swing – alles ist erlaubt. So entsteht ein spannender Mix aus Können, Lebenslust und Freiheit. Im Sommer findet das Spektakel oft draußen statt, auf 100 Sitzplätzen direkt vor den Toren. Der Blick auf den Messplatz beim Relaxen oder Tanzen – unbezahlbar.

Bei Veranstaltungen wie der „Social Innovation Bar" tauschen Social Entrepreneurs und Changemaker ihre innovativen Ideen für eine bessere Welt aus.

Tagsüber kann man bei Snacks seine Mittagspause in der Sonne genießen, und ab 17 Uhr wird das Café zur Bar und warmen Küche, „Renees Kitchen", für Flammkuchen, Focaccia oder Falafel. Mit dem anschließenden Cocktail können die langen und aufregenden Neckarstädter Sommernächte beginnen.

---

café | bar Alte Feuerwache, Brückenstraße. 2, 68167 Mannheim, Tel. (06 21) 12 82 37 95
www.altefeuerwache.com
ÖPNV: Straßenbahn 1, 2, 3, 4/4A, 15, Bus 53, 61, Haltestelle Alte Feuerwache

Kleinod in der Tabakscheune

34 *Das Hotel Weingärtner*

Zur richtigen Zeit am richtigen Ort! Dieses Glück hatte Herr Wickersheimer, stolzer Besitzer des Hotels Weingärtner, das aus einer alten Tabakscheune aus dem 18. Jahrhundert entstand. Damals wurde in Mannheim Tabak angebaut, der im 19. Jahrhundert mit der wirschaftlichen Bedeutung der Zigarre seine „Hoch"-Zeit erlebte. In den zahlreichen Tabakfabriken vernähten Frauen die Tabakbündel von Hand und hängten sie in schwindelerregenden Höhen unter dem Spitzdach zum Trocknen auf.

Wer die naturbelassenen Neckarauen am Seckenheimer Neckartor betritt, der kann das „Weingärtner" trotz seiner etwas zurückversetzten Lage nicht übersehen. Historisch romantisch steht es da, wie ein Schmuckstück funkelnd vor Charme. Und das ist es, außen wie innen. Ein gemütliches Unikat, etwas Besonderes, erdacht und präsentiert mit alten Landhausmöbeln, gusseisernen Fenstergittern und anderen schönen Dingen. Die ursprüngliche Einrichtung lädt zum Träumen ein.

Das Hotel hat zwölf romantische Zimmer und zwei Suiten, eines gemütlicher als das nächste. Trotz der antiken Anmutung der Zimmer sind die Bäder modern und neu. Aus den oberen Stockwerken schaut man auf den Neckar und die Brücke nach Ilvesheim. Bei diesem Ausblick erlebt man an jedem Punkt im Jahreskreislauf ganz besondere Momente der Vollkommenheit. Die alten Außenmauern und das historische Fachwerk sind bis zum ersten Stock erhalten geblieben. Was ist denn das? Löcher in den Wänden? Schießscharten? Überall im Gemäuer des Hotels sind die Belüftungsschlitze der alten Tabakscheune zu kleinen Fenstern umfunktioniert worden. Gemütlich lodert der Kamin im Restaurant. Hier gibt es junge deutsche Wohlfühlküche, modern und cool, mit einem Hauch Mittelmeer. Wenn es warm ist, speist man im romantischen Biergarten.

Beim Frühstück wird vieles genauso aufwendig wie die Architektur und Einrichtung liebevoll selbst gemacht, zum Beispiel die Marmelade. Dieser Duft nach frisch gebackenem Kuchen! Hier ist es wirklich schade, wenn die Reise zu Ende geht.

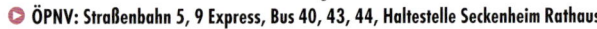

Hotel Weingärtner, Kehler Straße 4, 68239 Mannheim, Tel. (06 21) 48 37 50
www.hotelweingaertner.de
ÖPNV: Straßenbahn 5, 9 Express, Bus 40, 43, 44, Haltestelle Seckenheim Rathaus

Das Glück auf leisen Sohlen

35 *Grüne Auszeit – Maulbeerinsel*

Die Geschichte könnte so beginnen: Es war einmal eine kleine, versteckte Insel, auf der die Maulbeerbäume wuchsen … die was? Maulbeerbäume gehören zu den wenigen mediterranen Laubbäumen, die auch in unseren Breiten gedeihen. Sie imponieren hier als schattenspendende Alleebäume, ähnlich den Platanen. Ihre Früchte wachsen an winzigen Dolden, und sie erreichen ihre Blüte im August, wenn die Vögel diese Delikatesse bis dahin nicht gänzlich verschlungen haben. Die wenigsten wissen, wie man hierherkommt auf diese kleine, durch den Bau des Neckarkanals geschaffene, einsame Insel des Glücks. Von der Feudenheimer Seite fährt man über die Brücke Lauffener Straße, und am Parkplatz heißt es aussteigen! Nur noch Grün und Blau atmen. Sich mit dem Neckar treiben und von ihm beflügeln lassen. Hinter dem verwaisten Biergarten links entlang säumen Pferdekoppeln den Weg. Ein Ponyhof, auf dem auch ausgediente Gäule ihr Gnadenbrot bekommen, wartet auf die Pferdefans. Angler genießen die wohltuende Stille am Ufer, hier und da ruft eine Ente ihren Liebsten. Wer einfach weiter neugierig bleibt, findet am Ende des Weges eine Überraschung: Zelte! Das Vereinsgelände der Osagen-Indianer. Einmal im Jahr geben sie Besuchern beim Tag der offenen Tür die Möglichkeit, in die Welt der nordamerikanischen Ureinwohner einzutauchen und das Gelände beim zweitägigen Indianer- und Trapperlager zu erkunden.

Verstecksucher und Abschaltwillige gehen weiter auf einem der endlosen Wege nach rechts am Neckar entlang. Die Natur ist rau und wild hier, wie es sich für ein Naturschutzgebiet gehört. Reiner Sauerstoff belebt die Lunge. Wie schön es sein kann, einfach nur den Blick wandern zu lassen in die Weite. Gestrandet zu sein im eigenen Atem.

Gegenüber glänzen die sorgsam aufgereihten Häuser der Wohlhabenden in Neuostheim in der Sonne. Von hier aus sehen sie aus wie die Traumhäuser, in denen man schon immer leben wollte. Ein Panorama, das einem ein Lächeln ins Gesicht zaubert!

· ·

● Maulbeerinsel, 68167 Mannheim
● ÖPNV: Straßenbahn 5, Haltestelle Holbeinstraße, ca. 13 Minuten zu Fuß, Straßenbahn 2, 7, Haltestelle Neckarplatt, ca. 15 Minuten Fußweg

Die Verdoppelung des Glücks

36 *Verwöhn-Oase Perché NO und Scherenschnitt*

Was macht Frauen glücklich? Ein Verwöhn-Besuch beim Frisör natürlich. Oder ein inspirierender Streifzug in einer Wohnaccessoire-Oase. Und will man das Glück auf die Spitze treiben, dann kombiniert man einfach beides zu unvergesslichen Momenten der Vollkommenheit.

Das Ehepaar Calandi hat gekonnt seine Geschäfte „Scherenschnitt" und „Perché NO" verschmelzen lassen und damit einen neuen Sehnsuchtsort geschaffen. Ob klar war, dass das gut funktionieren würde? Ja, weil getreu dem klangvollen italienischen Namen – Perché NO = warum nicht – alles möglich ist, wenn man es will. Beruflich wie privat – hier wurden definitiv zwei Glücksmomente zu einem ganz großen vereint.

Kundinnen genießen das Haar-Wohlfühlprogramm mit anschließender Schönheitsgarantie beim Scherenschnitt und nehmen dann das Lieblingsaccessoire vom Perché NO mit, das am besten zu ihrem neuen Ich passt. Männer kommen ebenfalls nicht zu kurz – nur ihre Haare vielleicht. Die werden hier nicht wie üblich mit dem Rasierer, sondern mit der Schere gekürzt.

Ein unwiderstehlicher Mix aus Blumen- und Shampoogeruch unterstreicht die mediterrane Wohlfühlatmosphäre. Die perfekte Kombination aus Kaffee, Haarkur und guter Laune verbreitet sommerliche Leichtigkeit. Man fühlt sich willkommen und ein bisschen wie in Italien.

Während das Haar unter der Haube ausruht, darf der Blick shoppen gehen. Die verzückende Welt der angesagtesten Wohntrends lädt zum Stöbern ein, solange die Farbe einwirkt. Ob Möbel und Leitern aus echtem Olivenholz aus Italien, gläserne Windlichter oder flauschige Langhaarkissen – 1000 Wohnaccessoire-Träume in einem Meer aus Blumen und Pflanzen lassen das Herz höher schlagen. Jetzt bloß die Kontrolle über das Budget behalten!

Die erste Adresse für Take-away-Schönheit begeistert auch außer Haus mit Blumenarrangements für Hochzeiten oder einem Sektempfang aus der Ape. Außerdem ist Perché NO auf dem Mannheimer Blumen- und Herbstmarkt auf den Kapuzinerplanken anzutreffen.

Perché NO und Scherenschnitt, Q3, 5, 68161 Mannheim, Tel. (06 21) 43 76 27 26,
Scherenschnitt Tel. (06 21) 2 99 99 68
www.scherenschnitt-mannheim.de, www.perche-no.de
ÖPNV: Straßenbahn 1, 2, 3, 4/4A, 5/5A /6/6A, 7, 15, Haltestelle Paradeplatz,
ca. 5 Minuten Fußweg

Kreuzfahrt ins Gourmetglück

37 *Rheinkilometer 424*

Im Sommer ist das Stephanienufer, Paradies für Sonnenhungrige, Hundebesitzer und Freizeitsportler, ein richtiger Sehnsuchtsort. Die schönste Flaniermeile am Wasser nach der Copacabana! Alles ist grün, und man kann die Freiheit förmlich atmen. Schiffe ziehen sanft vorbei und geben einem in turbulenten Zeiten wieder das Gefühl festen Bodens unter den Füßen.

Aber auch in dunkleren Zeiten kann man hier die Sinne verwöhnen lassen. Das Eingangsschild des Rheinkilometers 424, im Stil einer Kilometertafel für die Schifffahrt, offenbart, woher die Idee zum Namen kam. Das weitläufige Gebäude im historischen Garten des Mannheimer Schlosses lädt nach einem ausgiebigen Spaziergang ein, einzukehren und die Beine mit Blick auf den majestätischen Rhein baumeln zu lassen. Im großen Biergarten wird das Essen trotz seiner verzückenden Geschmacksqualität vermutlich weniger Blicke ernten als er, der es schon immer versteht, an den Ufern Mannheims die Aufmerksamkeit zu fesseln. Hier spült er sogar die internationalen Gäste mit dem Flusskreuzfahrtschiff an die nahe gelegene Anlegestelle. Unter dem gleichen Dach befindet sich seit 21 Jahren das „Gasthaus am Fluss", welches bei den umliegenden Großkonzernen für seine hochwertige Küche bekannt ist.

Große Kugellampen tauchen den Raum in stimmungsvolles, gedämpftes Licht. Durch riesige Fensterfronten strahlt die Sonne. Unter den bunten Wandpaneelen kann man gelöst betrachten, wie der Rhein glitzernd in seinem Bettchen liegt. Die Einrichtung ist auf behagliche Weise modern. Im Winter wärmt und beruhigt das prasselnde Kaminfeuer. Ein Gefühl wie Angekommen-Sein. Die Küche ist offen, man kann zuschauen, wie traditionelles Essen von international erfahrenen Köchen modern zubereitet wird. Das Fleisch stammt von glücklichen Rindern, die bei Metzger David ihr Leben lang persönliche Betreuung auf grünen Weiden genießen durften. Schmeckt so Freiheit? Achtsamkeit? Wertschätzung? Ja. Bei einem Pfälzer Wein lässt es sich wunderbar darüber nachschmecken.

· ·

⬤ **Rheinkilometer 424, Rheinpromenade 15, 68163 Mannheim, Tel. (06 21) 82 84 89 33**
www.424-ma.de

⬤ **ÖPNV: Straßenbahn 1, 4/4A, 5/5A, 15, Haltestelle Universität, ca. 5 Minuten Fußweg**
S-Bahn: S1, S2, S3, S4, Haltestelle Mannheim Hauptbahnhof, ca. 10 Minuten Fußweg

Einlochen unter Blätterkronen

38 · Spaß bei Nicoles Minigolf im Käfertaler Wald

Wer es liebt, in sauberer Waldluft zu baden, den Geruch tief in seine gestressten Lungen einzuatmen und routinemüde Zellen in Minuten wieder zum Leben zu erwecken, der findet sein Glück sicher im Käfertaler Wald, dem meistbesuchten stadtnahen Wald in ganz Baden-Württemberg. Wer mit seiner Familie einen lustigen und vielseitigen Tag verbringen möchte, sollte auf jeden Fall dieses Ziel ansteuern.

Ausgehend vom Karlstern mit dem Karlsternpavillon weisen Straßenschilder mit klangvollen Straßennamen in alle Himmelsrichtungen zu Oasen der Erholung, zum Beispiel zur Grillhütte, zur Kneipp-Anlage oder zu Nicoles Minigolf. Eigentlich ist es egal, wohin man tobt, Gassi geht, wandert oder joggt – der Weg ist hier das wahre Ziel.

Vorbei an einem 20 Hektar großen Wild- und Wildvogelgehege, sehenswerten Gehegen für Waldtierfans mit Muffelwild, Hirschen, Bisons, Wildschweinen und Lamas, gelangt man zu der kleinen, versteckten Minigolfanlage von Nicole. Wer hat Lust auf eine Runde Minigolf unter großen, schattenspendenden Bäumen? Bewegung in der kristallklaren Waldluft entspannt und ist beim Minigolf nicht allzu anstrengend. Vor allem braucht man dafür keinerlei Vorkenntnisse. Wer schafft es mit den wenigsten Schlägen durch den Minigolf-Parcours? Wer wird den Wald als Sieger verlassen? Gelöstes Lachen und kleine Neckereien begleiten die spannende Siegersuche.

Auf jeden Fall ist nach dem Spiel eine Stärkung fällig. Zum Glück bietet Nicole hier ihren legendären hausgebackenen Apfelkuchen und erfrischende Getränke an. Bei Pommes und Eis kann man entspannt auf der Terrasse analysieren, lachen und schlemmen und den anderen Gästen bei Ihrer Minigolf-Kür zusehen. Ob man selbst auch so urkomisch gewirkt hat?

Adrenalin gepusht? Check. Lungenzellen erneuert? Check. Totgelacht? Lachflash? Check. Sportliche Betätigung? Check. Geschmacksnerven gestreichelt? Check. Was gelernt in Tierkunde? Check. Alltag für einen Weile vergessen? Check. Das machen wir wieder!

Nicoles Minigolf, Karlsternstraße 130, 68305 Mannheim, Tel. (06 21) 73 61 41 79
www.nicolesminigolf.de
ÖPNV: Straßenbahn 4/4A, Bus 55, Haltestelle Käfertaler Wald, ca. 10 Minuten Fußweg,
Bus 53, Haltestelle Langer Schlag, ca. 10 Minuten Fußweg

Kunstvoll im Hier & Jetzt

39 *C-Hub und Port 25 – Raum für Gegenwartskunst*

Die kreativen Macher Mannheims findet man im immer noch hippen Szeneviertel Jungbusch, im Radius und Wirkungskreis der berühmten Popakademie und des Mannheimer Musikparks. Der C-Hub am Mannheimer Verbindungskanal wirkt unscheinbar, strotzt aber nur so vor Erfindergeist und Kreativität. Das erste und modernste Mannheimer Gründerzentrum ist prall gefüllt mit sprudelnden Querdenkern und minimalistischen Vielfältlern der innovativen Künste.

Sicher ist: Wer hier im Stillen werkelt, der heckt oft Großartiges aus, wie z.B. Künstler Andreas Zidek, dessen handgefertigte Schmuckstücke des Labels „Glück" hier zu bestaunen sind.

Gegenüber, im Port 25, in der stylischen Galerie „Raum für Gegenwartskunst", will man bereits vollendeten Kunstwerken Raum geben. Im großen, offenen Kubus ist viel Platz für wechselnde Ausstellungen mit sehenswerten Kunstwerken der Neuzeit.

Drinnen wetteifern die faszinierenden Kunstwerke um die Gunst des Betrachters – draußen am Verbindungskanal, wo die rostigen Bänke stehen, oder auf der Terrasse des „Bar&Deli St. James", gibt es bei Sonnenuntergang ein Spektakel, das mindestens genauso fesselt: Der Himmel über Mannheim färbt sich orange, später magenta und verwandelt die industriellen Silhouetten am Rheinufer in eine bizarre Kulisse. Dann wird der Himmel langsam tintenfarben, die Umrisse der Brücken und Kräne beginnen dezent zu glitzern. Fantasiebeflügelt lässt man sich in Ideen fallen. Ich wette, hier draußen werden die wahren Ideen geboren, drinnen wachsen sie nur auf.

Braucht man für Gegenwartskunst eigentlich eine Ausstellung? Ist sie nicht in jeder Streuobstwiese, den löchrigen Straßen und in den alten Stahlträgern, die im Hafen achtlos herumliegen? Hier verschwimmen die Grenzen zwischen gewollter Schöpfung und der vielfach noch unentdeckten Kunst, die sich jeden Tag vor unseren Augen abspielt. Vielleicht sollen uns die spektakulären Ausstellungen im Port 25 nur daran erinnern, dass das ganze Leben ein Kunstwerk ist. Augen auf – Kunst an!

· ·

▶ Port 25 – Raum für Gegenwartskunst, Hafenstraße 25–27, 68159 Mannheim,
Tel. (06 21) 33 93 43 97, www.port25-mannheim.de
▶ ÖPNV: Straßenbahn 2, Haltestelle Dalbergstraße, ca. 10 Minuten Fußweg, Bus 60,
Haltestelle Teufelsbrücke, ca. 3 Minuten Fußweg

Die erste Glücksadresse

40 *Das prunkvolle Villenviertel Paul-Martin-Ufer*

Die Fahrt mit der Straßenbahn 5 von Heidelberg nach Mannheim beinhaltet eine kostenlose Besichtigung des schicken Neuostheimer „Villenviertels". Ihren Namen verdankt die Wohlstandsmeile „Paul-Martin-Ufer" dem ehemaligen Oberbürgermeister Mannheims ab 1908, der viel zum Glück der Stadt beigetragen hat. Er förderte die Kunst und das Nationaltheater, engagierte sich für das Krankenhaus und das Herschelbad. Weil man bei der rasanten Fahrtgeschwindigkeit nicht alles sieht, lohnt sich das Aussteigen auf jeden Fall! Beim Betrachten der mondänen Villen stellt man sich die Frage: Wohnt das Glück da, wo das Geld wohnt? Leben die Menschen hier glücklicher als anderswo?

Uralte, riesige Platanen vereinen sich zu einer langen, lichtdurchfluteten Allee. Fröhlich singen unzählige Vögel vom Glück, hier leben zu dürfen. Die gepflegten hübschen Vorgärten ziehen die Blicke auf sich und wetteifern darum, der schönste zu sein. Bezaubernd!

Blank poliert wirkende Fassaden und geschichtsträchtige Häuser erscheinen wie Festungen, die etwas beschützen. Hinter üppigen, duftenden Rosensträuchern verbergen sich nobelste Anwesen im Stil des Neuen Bauens und im Bauhausstil, kleine Märchenschlösser mit gepflegten Gartenanlagen, meist gesichert durch eiserne Fenstergitter und Alarmanlagen. Befürchtet man etwa, jemand könnte ein Stück vom Glück „abgucken"?

Auch das Neckarufer gleich unterhalb des Damms und parallel zum Paul-Martin-Ufer ist einen ausgiebigen Erholungsspaziergang wert. Der Neckar ist hier sehr präsent. Obwohl an dieser Stelle begradigt, beherrscht er immer noch stolz die Landschaft. Spielende Hunde huldigen ihm freudig bellend auf den üppigen Wiesen.

Nach dem kleinen Luxusausflug setzt man sich auf eine Bank auf dem Damm und lässt den Blick über die unendlichen, grünen Neckarauen schweifen. Wie schön ist es doch, sich selbst, freie Zeit, Ruhe, solch inspirierende Orte vor der Tür und diesen Ausblick zu haben! Was braucht man eigentlich mehr?

• •

◗ Paul-Martin-Ufer, 68163 Mannheim
◗ Straßenbahn 5, Haltestelle Holbeinstraße, oder 6/6A, Haltestelle Lucas-Cranach-Straße,
ca. 3 Minuten Fußweg

Rustikaler Charme XXL

41 *Pizzaparadies Zwei Hasen*

Was würde wohl ein Ortskundiger empfehlen, wenn er hört, dass man mal wieder so richtig Hunger auf eine leckere italienische Pizza hat?
In diesem Fall ist das „Zwei Hasen" im Lindenhof in aller Munde. Ab 18 Uhr und an manchen Tagen schon mittags beginnt dort im urtümlichen italienischen Familienbetrieb auf dem Lindenhof jeden Tag der Run auf die legendären Wagenradpizzen.
Aber Achtung, fast läuft man an dem Ecklokal vorbei, nur das leuchtend rote Namensschild macht den Pizzaverehrer auf den kleinen, unscheinbaren Stadtteiltreff aufmerksam, der in der ganzen Stadt für seinen rustikalen Charme und seine freundliche Offenheit bekannt ist.
Eine unglaubliche Behaglichkeit, die sicher auch vom abgewohnten 70er-Jahre-Interieur herrührt, lädt sofort zum Bleiben ein. Alte Bierbänke und oft genutzte rote Polster erzählen Geschichten von Menschen, die sich hier so richtig wohl gefühlt haben, und zeugen von langen, gemütlichen Abenden mit Freunden. Schon morgen werden sie anderen von diesem Abend erzählen. Dann berichten sie von hauchdünnen, kross gebackenen neapolitanischen Pizzen, von sagenhaften Spaghetti mit Rucola, Salsicia, Chilipasta mit Artischocken und vorzüglichem Schafskäse. Und natürlich von der Freundschaft.
Rustikal lecker essen gehen – dafür muss sich keiner in Schale werfen, einfach spontan die Familie schnappen und losziehen ins gemütliche Reich von Pizza, Pasta und Tiramisu. Die Zutaten zu all den Leckereien stammen aus Italien. Die Portionen sind üppig, die Preise dafür umso kleiner.
Hier lebt man sie, die Kunst, aus ganz wenig Drumherum, dafür mit Leidenschaft ganz viel Geschmack und Behaglichkeit zu zaubern. Das Essen in den Mittelpunkt zu stellen und den Fokus beim Wesentlichen zu behalten. Schnickschnack ist dafür nicht nötig. Wein trinkt man aus Wassergläsern. Bezahlt wird im Stil einer richtigen Eckkneipe an der Theke. Gutes Essen auf den Punkt gebracht, und der Gast ist glücklich und fühlt sich wohl.

Zwei Hasen, Bellenstraße 36, 68163 Mannheim, Tel. (06 21) 82 26 02
www.zwei-hasen.com
ÖPNV: Straßenbahn 3, Haltestelle Windeckstraße, ca. 2 Minuten Fußweg,
Straßenbahn 1, 4/4A, 5/5A, 15, Bus 60, Haltestelle Universität, ca. 10 Minuten Fußweg

Wo der Kaschmir blüht

 42 *Not the same – smell the flower*

Staunend, weil nicht auf den ersten Blick einzuschätzen ist, was sich genau hinter diesem Laden verbirgt, steht man vor dem Schaufenster des Concept Store mit angeschlossenem Blumenladen gegenüber des Café Flo. Folgt man seiner Neugier und betritt die offenen und lichtdurchfluteten Räume, bemerkt man, dass der charmante Laden aus zwei Teilen besteht. Einem Meer aus wundervoll duftenden Blumen, dem „smell the flower" und einem Showroom mit cooler, hochwertiger Kleidung, Naturkosmetik und Accessoires, dem „not the same". „Die Blumen sind unsere Wurzeln, die Mode ihre Blüten", beschreibt Jürgen Tekath die Idee dahinter.

Die farbenfrohen Blumen und Blüten präsentieren sich wie Debütantinnen auf einem Ball von ihrer schönsten Seite, um ausgewählt zu werden. Jede von ihnen hat hier ausreichend Raum, um sich in ihrer ganzen Schönheit zu entfalten. Ob das auch der Grund ist, warum sie so betörend duften? Nein. Hier finden sich viele wilde, alte und mittlerweile seltene Sorten, die noch opulent riechen. Sie dürfen nicht nur ordentlich gebunden mit nach Hause, sondern auch mal individuell und wild ein Heim bereichern. Genau wie das Gefühl, das der Laden vermittelt. Die Blumen erinnern einen immer wieder daran, dass das Leben kurz ist und es keine Zeit zu verschwenden gibt.

Ist Glück eigentlich multiplizierbar mit Anmut? Besteht Eleganz aus mehr oder aus weniger? „Isst du was mit uns?", fragt jemand aus der offenen Teeküche. Man fühlt sich unmittelbar dazugehörig an diesem fast privaten Ort. So weit das Auge reicht, verfängt sich der Blick in ausgefallener Keramik, Schmuck, Mode und Naturkosmetik. Die Kaschmirpullover aus Japan und der Mongolei streicheln nicht nur optisch, sie sind wirklich weicher als Babyflaum. Sie zu berühren ist wie ein Moment der Vollkommenheit. Der kreative Besitzer Jürgen Tekath, dem auch das Café Flo und der Speicher7 Bar & Hotel mit gehören, prägt Mannheim nachhaltig. Er hat sie nicht gesucht, diese Stadt, aber sie hat ihn gefunden. Zum Glück!

•••

▶ **Not the same – smell the flower, Friedrichsplatz 15, 68165 Mannheim, Tel. (06 21) 15 32 15**
www.notthesame-ma.com
▶ **Straßenbahn 2, 3, 4/4A, 6/6A, 7, Bus 60, 63, 64, Haltestelle Wasserturm, ca. 3 Minuten Fußweg**

Frische Waren mit Tradition

43 *Der Mannheimer Wochenmarkt*

Ein bisschen fühlt man sich dienstags, donnerstags und samstags auf dem Marktplatz bei der St. Sebastianskirche wie in Istanbul. Wenn es nicht aus allen Ecken Monnemerisch und Pälzisch tönen würde. Der Wochenmarkt reiht sich tatsächlich nahtlos ein in das marktähnliche Treiben, das sich nebenan in den Straßen von „Klein-Istanbul" abspielt. Laut ist es und bunt, und es gibt unglaublich viel zu entdecken.

Der Markt ist schon seit 1613 eine Institution der Liebe zur regionalen Frische. Wer hier einkauft, der tut das bewusst, um seine Heimat zu schmecken und um Mannheimer Geschichten zu hören. Ja, die Kommunikation ist hier mindestens genauso wichtig wie die Waren selbst. Viele Menschen kommen sogar hauptsächlich wegen der liebevollen persönlichen Worte und dem Austausch mit bekannten Gesichtern. Omas tratschen glücklich und genießen das Angebot an frischen Waren: Honig, Eier von glücklichen Hühnern, handgemachte Pasta, Käse, Fleisch und Fisch, selbst gepresste Öle, Feinkostspezialitäten und sogar frisches Wild! Verlockende Gerüche konkurrieren um die Herzen der Besucher. Mit einem frisch gepressten Orangensaft kann man gemütlich an allen Ständen vorbeischlendern und die Augen mit leuchtenden Farben volltanken. Wo duften die Blumen am besten?

Seit er denken kann, kommt auch der „Blumepeter" samstags hierher und bietet seine „mit eigenen Händen heute früh im Morgentau gepflückten" Blumen feil. Das ist kein Spruch! Er baut sein Obst, Gemüse und die Blumen tatsächlich selbst an. Der Blumenpeter ist mittlerweile eine Kultfigur. „Mich kennt jeder", darf er gut und gern von sich behaupten. Aber, und das ist ihm wichtig, da sind noch so viele andere tolle Menschen hier auf dem Wochenmarkt, die man kennen sollte. Die Oma von dem Italiener mit dem guten Brot am Nebenstand, die stand auch schon mit seiner Oma hier. Bei jedem Wetter. Braucht man nicht irgendwie immer frische Kartoffeln, Erdbeeren, Kohl, Äpfel, Mandarinen, Wurst, Gurken oder Trauben? Na dann mal los! Der Morgentau der Felder ist quasi noch dran.

* * *

Marktzeiten: Di. und Do. 8.00–14.00 Uhr, Sa. 8.00–15.00 Uhr
Marktplatz, G1,1, 68159 Mannheim, www.ep-ma.de/wochenmarkt/hauptmarkt
ÖPNV: Straßenbahn 1, 3, 4/4A, 5/5A, 7, 15, Haltestelle Marktplatz

Die rote Zora

44 *Die Diffenébrücke*

Leben am Fluss ist traumhaft. Es gibt wenig, was einem den Blick in die Weite versperrt, nur blühende Natur und natürlich das Wasser mit seiner ausgleichenden Wirkung. Auch im Luzenberg, der noch immer die deutliche Handschrift des Hafens trägt und nicht gerade als Mannheims schönster Stadtteil bekannt ist, werden immer mehr Lagerhallen zu hippen Wohnquartieren umfunktioniert, wie z.B. das „Joy". Es ist nicht klassisch schön, sondern einzigartig – nah am Wasser, nah am Hafen, der niemals schläft und der Hauptarbeitgeber der Region ist, nah an der unberührten Natur der Friesenheimer Insel und trotzdem nah am Zentrum. Eigentlich der perfekte Stadtteil, um dort zu leben.

Wo jedoch Wasser ist, braucht man Brücken, die die Verbindung zur anderen Seite schaffen. Eine von unzähligen Brücken in Mannheim – und die wohl formschönste und prägnanteste – ist die Diffenébrücke. Sie ist mit ihrer perfekten Verbindung von Funktion und Design längst zu einem Markenzeichen geworden. Schon von Weitem heben sich ihre leuchtend roten Schwingarme vom strahlenden Blau des Hafens ab und setzen Akzente zwischen Tanks, Silos und Kranbrücken.

Die Klappbrücke für Autos und Schienenfahrzeuge und wichtige Verbindung zwischen mittlerer Nordtangente und Friesenheimer Insel kann sich in nur 150 Sekunden durch Hochklappen bis zu einem Winkel von 82 Grad öffnen, wenn Schiffe die niedrige Überfahrt kreuzen.

Von der Diffenébrücke hat man einen Überblick über das Drumherum-Geschehen. Der Rhein schimmert in unvergleichlichem Blau, Kräne glänzen in der Sonne. Die Möwen sausen kreischend herum und landen im Sturzflug auf den Pollern oder lassen sich vom Altrhein direkt zum Meer begleiten. Vier Hafengebiete des Rhein-Neckar-Hafens Mannheim liegen hier auf der Brücke vor einem: Handelshafen, Rheinauhafen, Altrheinhafen und Industriehafen mit 14 Hafenbecken und drei Stromhäfen. Nach seinem Umschlag ist der Mannheimer Hafen der zweitgrößte Binnenhafen Europas. Der Rhein hat große Bedeutung für die Stadt. Daher hat Mannheim also das mediterrane Flair!

• •

⊙ Diffenébrücke, Diffenéstraße 10, 68169 Mannheim
⊙ ÖPNV: Straßenbahn 1, 3, Haltestelle Luzenberg, ca. 7 Minuten Fußweg, Bus 53, 58, Haltestelle Diffenébrücke

Popcorn meets Samtvorhang

45 *Wie damals: Atlantis Odeon Kinos Mannheim*

Ein Familienabend im Multiplexkino oder ein 3D-HD-Vision-Erlebnis-sitz-Abend mit Freunden kann unglaublich lustig sein. Die heutige Technik ermöglicht es, sich von Filmen ohne großes Nachdenken einfach davontragen zu lassen.

Früher sah Kino anders aus. Aber es gibt sie noch: charmante, alte Säle mit roten, schweren Vorhängen und Samtsesseln – die ursprünglichen Kinowelten. Mit den Filmpalästen Atlantis und Odeon hat Mannheim sich ein bisschen Kinogeschichte erhalten. Das Odeon Kino in G7 gibt es schon seit 1928, also fast so lange wie es Kinos gibt. Es ist das älteste noch heute als Lichtspielhaus betriebene Kino Mannheims.

Drinnen im Atlantis Kino, hinter alten, türkisfarbenen Türen mit Messinggriffen, genießt man entspannt internationales Arthouse-Kino. Einfach in die Polstersessel plumpsen lassen wie früher, als man als Kind zum ersten Mal im Kino war. Erinnerungen werden wach. So ursprünglich das Ambiente ist, so innovativ ist das Programm.

Packende Erstaufführungen, prämierte Kurz- und Dokumentarfilme, hier läuft potenzielles zukünftiges Oskar-Material, das zum Nachdenken anregt. Abseits der ausgetretenen Hollywood-Pfade bekommt der Zuschauer Einblicke in bewegende Themen, die mutige Macher zu hoher internationaler Filmkunst verarbeitet haben.

Zu zweit im Dunkeln in der Popcorntüte kruschteln, gemeinsam Schrecken und Freude hautnah miterleben, ohne wirklich in der Situation stecken zu müssen – mitfühlen macht doppelt glücklich! Die ganz großen Gefühle, die gab es schon immer am ehesten im Kino. Beide Kinos sind mehrfach für ihr herausragendes Programm ausgezeichnet worden, sogar zweimal als „bestes Kino Baden-Württembergs". Bei Themenabenden, Konzerten und Lesungen ist die Inspirationswahrscheinlichkeit hoch.

Angeregt diskutierend verlassen Pärchen, Familien und Freundestrupps das Filmkunst-Theater. Was sie mitnehmen? Viele Ideen. Viel Gesprächsstoff. Und das angenehme Gefühl, ihre Sicht auf den Alltag mal wieder erweitert zu haben. Im Atlantis gibt es noch Kino für Herz und Hirn.

Atlantis Kino, K2, 32, 68159 Mannheim, Tel. (0621) 21200, www.atlantiskino.info

ÖPNV: Straßenbahn 1, 3, 4/4A, 5/5A, 7, 15, Haltestelle Abendakademie

Odeon Kino, G7, 10, 68159 Mannheim, Tel (06 21) 1 56 55 09

ÖPNV: Straßenbahn 1, 3, 4/4A, 5/5A, 7, 15, Haltestelle Marktplatz

Verstecktes Kulturdenkmal

46 *Der kleinste Stadtteil Mannheims: Straßenheim*

Gibt es das wirklich? Vergessene Stadtteile? Verwunschene Orte, die doch nah am Puls des Lebens liegen? Versteckte urbane Ruhestifter? Fragt man einen Mannheimer nach Straßenheim, dann weiß er vielleicht nicht, dass man von einem Mannheimer Stadtteil spricht. Und das, obwohl er sogar der älteste ist! Na ja, vielleicht ist Straßenheim einfach zu klein, um bekannt zu sein. Es besteht nämlich nur aus einer Straße, der Ortsstraße, dem überdimensionalen Blickfang – dem Wasserturm, fünf Höfen, der Polizeireithalle und einer kleinen Kapelle. Die löchrige Beschaffenheit der Straße belegt, dass sie schon lange die einzige Möglichkeit ist, hierherzukommen. Auch deshalb findet man hier garantiert Ruhe und Erholung.

Mit Anlauf saust man über eine Brücke, die den Beginn einer anderen Welt markiert, vorbei an weitläufigen Feldern und Wiesen und einer Pferdesportanlange mit Stallungen und Gehöften, und ist bald schon mitten in dem entlegenen Oasen-Stadtteil. Achtung, Charme-Offensive! Es gibt sogar Belege, dass Straßenheim schon zur Römerzeit in Teilen hier bestanden hat. Die Römer hatten eben Geschmack.

Am Ende der Ortsstraße, gleich hinter dem Mannheimer Polizeiposten inklusive Reithalle, gelangt man zur wunderschönen Magdalena-Kapelle, eine der ältesten Kapellen Mannheims. Sie wurde im 13. Jahrhundert gebaut und ruht klein und friedlich inmitten eines uralten Kirchhofes, auf dem sogar noch Gräber zu finden sind. Eine jahrhundertealte Konstante in beschleunigten Zeiten. Ein stiller Rückzugsort vor der Hektik. Digitalisierung? Fehlanzeige! Die einstige Klosterkapelle mit unterirdischem Zugang zu zwei umliegenden Höfen ist ein bedeutendes Kulturdenkmal. Heute kann man hier sogar wieder Taufen feiern oder heiraten.

Aufgrund der perfekten Ausflugslage zwischen Heddesheim, Viernheim, Vogelstang und Wallstadt machen hier im Sommer viele Radfahrer und Wanderer halt, tanken inmitten der endlosen Weite der Felder frische Luft und laden ihre Akkus mit Beschaulichkeit auf.

🔴 Mannheim Straßenheim, Ortsstraße 1, 68259 Mannheim-Straßenheim
🔴 ÖPNV: Straßenbahn 5, Haltestelle Heddesheim Bahnhof, ca. 25 Minuten Fußweg

Zeit für neue Wege

47 Restaurant Silberpappel

Die Deutschen lieben es zu essen, natürlich auch die Mannheimer. Und was könnte es in südwestdeutschen Sommern Schöneres geben, als kulinarische Köstlichkeiten mit Entspannung unter freiem Himmel zu kombinieren? Das geht im Restaurant Silberpappel, nur einen Steinwurf entfernt von der Namensgeberin Silberpappel am Rhein. Riesige Terrassen heißen einen mit Blick auf eine Pferdekoppel willkommen. Die bodenständige, aber moderne Atmosphäre entschleunigt, alles hier wirkt ruhig und langsam. Ist das Achtsamkeit? Wenn man die von Hand geschriebene Speisekarte sieht, erkennt man die Botschaft: Live mindfully! Hat man erst einmal in das Rumpsteak gebissen und sich den Karotten-Kartoffel-Stampf auf der Zunge zergehen lassen, sind keine Fragen mehr offen. Außer vielleicht: Kann man Liebe zu den Zutaten eigentlich schmecken? Das muss Soulfood sein! Ja, Soulfood, das die Inhaber Florian, sein Bruder Paul und Küchenchef David eigenhändig kochen, mit Zutaten, von denen sie wissen, woher sie kommen. Sie wagen ein Experiment: Spitzenküche, die nicht profitorientiert, sondern nachhaltig ist. Mit diesem Mut haben sie in Mannheim eine Genussinsel am Rhein geschaffen, die passend zu den Jahreszeiten und der regionalen Verfügbarkeit der Lebensmittel funktioniert. Eine kulinarische Entdeckungsreise durch die Region.

TIPP Dank der großzügigen Platzverhältnisse kann man hier prima auch in großer Gesellschaft feiern.

Die Lieferanten sind keine Großkonzerne, sondern bekannte, faire Produzenten. Um aus dieser Lieferkette die schmackhaften Gerichte zu kreieren, muss man vor allem flexibel und kreativ sein. Das Ziel: einfache, klassische Gerichte neu interpretieren und so Augen und Gaumen immer wieder neu überraschen. Der Wind der Nonwaste-Philosophie, der durch die Silberpappel streift, erzählt von Fairness und gutem Gewissen statt Effizienzdenken. Hier zählt die Würde, die Menschen, Tiere und Pflanzen nicht nur auf dem Weg in die Küche erfahren. Das schöne Gefühl, grenzenlos genossen zu haben, ohne negative Spuren auf der Welt zu hinterlassen, könnte als Nachtisch genügen – muss es aber nicht!

● Restaurant Silberpappel, Kiesteichweg 21, 68199 Mannheim, Tel. (06 21) 8 61 96 22
www.silberpappel.de
ÖPNV: Straßenbahn 3, Haltestelle Rheingoldhalle, ca. 10 Minuten Fußweg

Planschen wie Kleopatra

48 *Königlich relaxen im Herschelbad Mannheim*

Mitten in der Innenstadt, in einem der vorkriegszeitlichen Klinker-Sandsteinbauten, verbirgt sich ein sehenswertes Geheimnis. Will man dieses Geheimnis lüften, dann sollte man seine Badeklamotten einpacken! Es lohnt sich! Beeindrucktes Staunen in der großzügigen Jugendstil-Eingangshalle. Eine angenehme Wärme empfängt den Besucher. Wo bin ich? Im 1920 eröffneten Herschelbad. Es besteht aus drei Schwimmhallen, die große Halle 1 ist zum öffentlichen Schwimmen freigegeben. Die anderen beiden sind für Schulen und Vereine reserviert. Früher waren diese Hallen das Frauenbad, in das nur Frauen Zutritt hatten, für Männer gab es das entsprechende Männerbad und das Volksbad. In einem Saunabereich mit römisch-irischem Bad, einem Sonnenbad und sogar einem Hundebad frönten die Mannheimer damals dem wohligen Badevergnügen.

Riesige gerahmte Fenster lassen warmes, gemütliches Licht in das Zwischen- und Hauptgeschoss. Überall kann man antikisierende Elemente bestaunen. Auch wenn das Herschelbad im Zweiten Weltkrieg ein wenig von seinem Prunk und Detailreichtum verloren hat, so erinnern überall wunderschöne Nuancen an die goldenen Zeiten.

TIPP *In der Sauna kann man eine ausgleichende Schwitzrunde anhängen.*

Aus dem seltsamen Kasten im Eingangsbereich erhält man den Schlüssel zu seinem ganz privaten kleinen Reich: eine eigene Kabine, die man während des gesamten Badeaufenthalts behalten darf! Wo sonst gibt es so etwas Königliches? Kinderlachen und das Planschen der Schwimmenden hallen durch den hohen Kuppelsaal. Seitlich kann man über wunderschöne Mini-Mosaikfliesen auf die Empore hinaufgehen und diese Momente der Vollkommenheit entspannt von oben betrachten. Oder man legt sich einfach im Becken unten auf den Rücken und lässt sich schwerelos treiben. Majestätisch gleitet man im warmen Wasser dahin und lässt die Aufmerksamkeit völlig losgelöst von der Umgebung auf dem Herzstück des Bades, der barocken Kuppeldecke ruhen. So ungefähr muss sich Kleopatra in ihrer Badewanne gefühlt haben!

Herschelbad, U3, 1, 68161 Mannheim, Tel. (06 21) 2 93 71 16
www.mannheim.de/schwimmen
ÖPNV: Straßenbahn 1, 3, 4/4A, 5/5A, 7, 15, Haltestelle Abendakademie, ca. 5 Minuten Fußweg

Kommt nicht in die Tüte

49 *Eddie's – Verpackungsfrei einkaufen mit Genuss*

Würden wir nicht alle gern ein bisschen die Welt retten? Aber wie viel Welt-Retten ist mir als Durchschnittsbürger in meinem kleinen Alltag überhaupt möglich? Jedenfalls mehr, als man denkt! Wo man anfangen könnte: den täglichen Haushaltsbedarf an Lebensmitteln ohne Verpackungsmaterial decken. Das geht im „Eddie's – Verpackungsfrei einkaufen".

Allein der Blick durchs Schaufenster auf unzählige, „freilaufende" Sorten Reis und Linsen, Nüsse, Trockenfrüchte, Nudeln und Chiasamen macht neugierig auf ein ganz anderes Einkaufserlebnis. Einfach mal offen sein für Neues! Alles wird hier in großen, hygienischen Behältern angeboten, aus denen man den gewünschten Warenanteil einfach grammgenau herausnehmen kann. Die riesigen Bonbongläser mit getrockneten Früchten erinnern an einen Tante-Emma-Laden, nur in einer hellen, hygienischen Variante. Gute Lebensführung ist hier Trumpf! Spätestens beim Probieren der offenen Schokolade im Glas schmilzt man für die Bioprodukte dahin. Ausgefallene Mehl- und Zuckerarten, duftende Gewürze, sogar Duschgel und Handseife – all das gibt es hier komplett pur, ohne Verpackung.

Staunend betrachtet man die unzähligen Möglichkeiten, wie man Lebensmittel ohne Verpackung präsentieren und kaufen kann. „Das funktioniert" schießt es einem durch den Kopf. Stofftaschen, Einmachgläser, Mehrwegflaschen – überall in den Regalen findet man Erfüllungsgehilfen zur Mission „Verpackungsfrei einkaufen" – wenn man sie nicht von zu Hause mitgebracht hat.

Es ist ungewohnt ehrlich, die Waren wirklich zu sehen, bevor man sie kauft. Keine „Katze im Sack" kann sich mehr hinter einer Verpackung verstecken. Volle Transparenz zeigt die einzigartige, ursprüngliche Schönheit der Lebensmittel. Auf dem Heimweg, bepackt mit achtsam ausgewählten Produkten, hört man mit jedem Schritt zufrieden den Reis in der Tupperdose rascheln. Er erzählt von der Erkenntnis, dass wirklich jeder dazu beitragen kann, unsere Welt ein bisschen achtsamer zu behandeln – für unsere Kinder und Enkel.

● Eddie's – Verpackungsfrei einkaufen, Seckenheimerstraße 21, 68165 Mannheim, Tel. (06 21) 43 71 88 44, www.unverpacktmannheim.wordpress.com
● ÖPNV: Straßenbahnen: 6/6A, 9, 9 Express, Haltestelle Werderstraße, Straßenbahn 1, Haltestelle Kopernikusstraße, ca. 5 Minuten Fußweg

Handbreit Wasser unterm Kiel

 Bade- und Sportparadies Vogelstangsee

Was verbindet Vogelstang, Wallstadt und Feudenheim, drei Stadtteile, die unterschiedlicher nicht sein könnten? Sie teilen sich ein herrliches Naherholungsgebiet, eine kleine, paradiesische Seenlandschaft, den Vogelstangsee oder eher die zwei Vogelstangseen. Der Untersee, der Richtung Käfertal liegt, ist 17 Meter tief und ein Grundwassersee. Der pumpengespeiste Obersee ist dagegen deutlich flacher. Da Wasser die Städter auch in Mannheim magisch anzieht, kommen sie in Scharen hierher: die Jogger, die Radfahrer, die Tennisspieler, die Reitsportfans, die Schwimmer, die Angler, die Entenfans, die Kinder, die Ruhesucher, die Kleingärtner, die Taucher und die Glückssucher. Sogar ein Sandstrand zum natürlichen Baden im Sommer ist am Untersee vorhanden. Für jeden Einzelnen von ihnen hält der See ganz persönliche Glücksmomente bereit.

Wenn man dem Lärm des Alltags entfliehen will, kann man hier in dieser natürlichen Parklandschaft seine Augen auf dem Wasser ruhen und die Gedanken über die Wasseroberfläche schweifen lassen. Abkühlung bei Bedarf inklusive! Etwa in der Mitte des oberen Sees gibt es eine wunderschöne Ruhebank. Abgeschnittene Baumstümpfe, als Trittplatten angeordnet, ragen mit einem kleinen Holzsteg aus dem Wasser. Bei gutem Wetter lässt die Modellsportgruppe Vogelstang zu festgelegten Terminen hier ihre Holzschiffchen losziehen aufs große, weite Seenmeer. Freudig wie ein Kind kann man zuschauen, wie die kleinen Bötchen vor der traumhaften Naturkulisse schaukeln. Am sogenannten Schaufahren, an dem jeder mit einem Boot teilnehmen kann, erfreuen sich große wie kleine Bootfans.

TIPP *Termine des Schaufahrens auf der Website der Modellsportgruppe überprüfen!*

Auch aus den umliegenden 60er-Jahre-Hochhäusern kann man den Ausblick auf Oberen See und Strand genießen. Sie prägen das Landschaftsbild eigenwillig und markant, aber der See wäre ohne sie nicht der gleiche. Genauso wie ohne die wilde Uferbepflanzung, die bewusst nicht gepflegt wird, aber dennoch so aussieht. Hier darf die ursprüngliche Natur das letzte Wort behalten.

○ Vogelstangsee, verschiedene Zugänge, z.B. über Stralsunder Weg, 68309 Mannheim, www.modellsportvogelstang.de

○ ÖPNV: Straßenbahn 7, Haltestelle Vogelstang-West, ca. 7 Minuten Fußweg, Straßenbahn 5A, 15, Bus 57, Haltestelle Wallstadt-West, einige Minuten Fußweg, Bus 50, Haltestelle Wallstadt Wasserturm, ca. 10 Minuten Fußweg

What's new? What's special?

51 *Start-up-Spirit in der Textilerei Mannheim*

Der Start-up-Spirit ergreift die Besucher, die jungen Kreativen und Individualisten schon vor der Tür. Mit dem kitzeligen Gefühl der Neugier betritt man das charmante, denkmalgeschützte Barockgebäude, das von einem Hauch Geheimnis umweht wird.

Ein angenehm vollmundiger Kaffeeduft vom kleinen Pop-Up-Café der regionalen Rösterei „Pourista" nimmt einen zusammen mit kleinen Leckereien im hauseigenen Shop in Empfang. Wer ein abgelegenes und schattiges Plätzchen für die Mittagspause sucht, kann es sich im historischen Innenhof der Textilerei gemütlich machen, umgeben von Geschichte, die jeden Tag ein bisschen weitergeschrieben wird, gleich neben der berühmten barocken Treppe. Kreative Ruhe bitte!

Die Textilerei ist Atelier, Café, Gründergemeinschaft, Start-up-Geburtshilfe, aber auch Shop in einem. In der Ausstellung der kreativen Werke kann der Trendsucher in Ruhe stöbern – wenn er Glück hat sogar mit persönlicher Beratung des Designers! Bleib einfach neugierig, auf individuelle Mode und Schmuck, die unglaublich inspirieren.

Kreative Heinzelmännchen und -frauchen, nämlich Jungdesigner wie Tina von „KALAIKA", Nadine von „Monmente" oder die heimatverliebten Jungs von „Junge Junge" erschaffen hier mit Herzblut Lieblingsstücke wie zuckersüße Kindermode von „Piaf und Ponti", zeitgemäße Arbeitsbekleidung von „Trauth", „Goldgarn"-Jeans oder „Lotta Grote"-Taschen. Viele Stücke sind handgefertigt, oft Unikate. Man fühlt sich beim Kauf fast ein bisschen privilegiert. Gleichzeitig unterstützt man damit junge Gründer und regionale Labels, aufstrebende Ideenfinder und Querdenker aus Mannheim. Ein gutes Gefühl!

Weil Kreativität und Gründertum in Mannheim hoch gehandelt werden, gibt es mittlerweile acht Gründungszentren mit über 300 Start-ups. Ein Gründerzentrum für die Textilwirtschaft ist in Deutschland bisher beispiellos. Hier zeigt Mannheim seine Macher-Seite, die irgendwie ansteckend ist. Anpacken. Mitwirken. Gestalten. Ausprobieren. Lass deine Träume doch einfach mal Gestalt annehmen!

● Textilerei Modezentrum Mannheim, C4, 6, 68159 Mannheim, Tel. (06 21) 86 24 28 55
www.textilerei.de
● ÖPNV: Straßenbahn 2, 6/6A, Haltestelle: MA Rathaus/REM, ca. 3 Minuten Fußweg,
Straßenbahn 1, 2, 3, 4/4A, 5/5A, 6/6A, 7, 15, Haltestelle Paradeplatz, ca. 3 Minuten Fußweg

Mäandernder, wilder Geselle

 Paradies Altneckarschleife und Neckarplatten

Herbstnebel bedeckt den Unteren Neckar noch stellenweise. Der Weg unterhalb des Seckenheimer Schlosses wirkt mystisch in Oktobertagen. Wer ihn geht, ist bereit für ein Abenteuer, dem er sich einfach im Vertrauen hingibt, ohne wirklich zu wissen, wohin er führt.

Wenn die Schwaden sich lichten und die Sicht auf den hier unberührten Flusslauf freigeben, vergisst man vor Staunen beinahe weiterzugehen. In diesen Schleifen lebt der Neckar noch. Er windet sich in seinem Bett, quirlig, lustig und lebendig. Ja, hier wird er seinem keltischen Namen gerecht, der „wilde Geselle". In diesem Abschnitt sind ihm trotz der Begradigung große Teile seiner ehemaligen Flussaue geblieben. Geht man den Wörthfelder Weg entlang, wechseln sich weite Flutrasen und urwüchsige Auenwälder ab. Durch das Laub schimmert das Wasser anfangs nur alle paar Schritte hindurch. Die untere Neckarschleife, die einzige natürliche Flussschleife, die hier am Unterlauf des Flusses noch erhalten ist, ist eines der fünf Landschafts- und sechs Naturschutzteilgebiete, die 1886 ausgewiesen wurden. Ein Naherholungsgebiet, das seinen Namen wirklich verdient, mitten im Ballungsraum Mannheim-Heidelberg. Ein Ort zum Fallenlassen, zum Atmen, um einfach nur zu sein. Der Fluss ist hier Lebensspender und Ruhestifter zugleich. Der Fuß- und Fahrradweg Richtung Heidelberg und Ladenburg führt vorbei an Kies- und Sandbänken, Stromschnellen und Stillwasserzonen. Nussbäume beschützen Wacholdersträucher und endlose Brombeerhecken. Hier sagen sich Flussregenpfeifer und Kahnschnecke gute Nacht. Plötzlich trifft man naturversunken auf das Ortsschild „Neckarplatten", Gemeinde Ilvesheim.

Fühlte man sich eben noch wie in einem „Herr der Ringe"-Film, dann muss das hier der Schatz sein! Eine winzige Ansammlung von Häusern, zu wenige für ein Dorf, zu viele für ein Gehöft. Nur selten verirrt sich ein Fahrzeug hierher. Ob man hier glücklich lebt? „Bestimmt", lacht der Wind. Auf dem scheinbar endlosen Damm kann man zum Glück fast ewig weitergehen.

TIPP Dieser Weg wechselt im Jahreskreislauf fast täglich, sein facettenreiches, atemberaubendes Antlitz.

Neckarplatten, am Wörthfelder Weg immer am Neckar entlang, 68239 Mannheim

ÖPNV: Bahn Linie 5, Haltestelle Seckenheim OEG Bahnhof, ca. 10 Minuten Fußweg
Bus Linie 40, Haltestelle Zähringer Straße, ca. 20 Minuten Fußweg

Sanft schaukelnde Leckereien

53 *Romantisch schlemmen in der „Heimat"*

Die besten Dinge beginnen ja oft mit einem kleinen Wink des Schicksals. Und als das Schicksal an die Mannheimer Feinschmecker gedacht hat, erschuf es eines der leckersten und schönsten Restaurants der Stadt. Alles begann mit einem alten, rostigen Kahn, nicht mehr fahrtüchtig, der Boris wie aus dem Nichts angeboten wurde. Und dann war es Liebe auf den ersten Blick, was jeder, der einmal auf der „Heimat" im Rheinauhafen war, absolut verstehen wird. Die Liebe wurde rasch zum Erfolgsfeuer. Was diese Liebe aus dem alten Kahn gemacht hat? Einen höchst romantischen Sehnsuchtsort, an dem der Gast feinste Gerichte frisch zubereitet bekommt und der so gemütlich ist, dass man gar nicht mehr gehen will. Wie ein zweites Zuhause nimmt einen das maritim eingerichtete Gourmet-Schiff sofort auf seinen Holzplanken auf. Wenn man über den langen Steg die „Heimat" entert, dann zeigt einem der Duft von frisch gegrilltem Fisch den Weg. Die Sonne versinkt bei spritzigen, originellen Aperitifs fast unbemerkt hinter dem Horizont. Abends spiegeln sich die flackernden Kerzenlichter draußen im Rhein, während man drinnen eine hausgemachte Limonade genießt. Fühlt sich wie Heimkommen an.

TIPP Navi einschalten für den Weg und auf jeden Fall vorher reservieren.

Aus der winzigen Kombüse bringt die sympathische Crew derweil ein saftiges Rumpsteak, oder einen legendären Heimat-Burger, die absolute Geschmacksgarantie. Die Zunge tanzt vor Freude mit den Wellen draußen um die Wette. Der Rest der übersichtlichen Karte wechselt häufig, damit das Abenteuer bleibt. Was aktuell ist, steht auf der kleinen Holztafel.

Während man in der Creme Brulée schwelgt oder sich mit den Schokotörtchen vergnügt, schaukelt man ein bisschen im Rhythmus des Wassers mit und gerät so schnell ins Träumen. Ob das an der süßen Verzückung liegt oder eher am sanften Schaukeln? Im Schein der Schiffslampen schmeckt der Gin einfach ganz anders als an einer Hotelbar. Irgendwie intensiver. Wenn man hinterher das Gefühl hat, Schlagseite zu haben, dann könnte das ausnahmsweise mal wirklich am Untergrund liegen.

Restaurant Heimat, Antwerpener Straße 42, 68219 Mannheim, Tel. (06 21) 89 39 60
www.heimat-mannheim.de
ÖPNV: Bus 48, Haltestelle Antwerpener Straße, ca. 3 Minuten Fußweg

Magische Bilderwelten

 Inspiration in der Kunsthalle Mannheim

Was zieht die Menschen an Kunst an? Ist es eine Art Hunger nach Perfektion, die für jeden anders aussieht? Der Wunsch, ein Bild anzusehen und für einen Moment komplett in dessen Realität zu versinken? Kunstwerke, die unerklärbare Magie entfachen?

Hier in der 2018 neu eröffneten 13.000 Quadratmeter großen Mannheimer Kunsthalle findet jeder die individuell perfekte Form von Schönheit, die ihn vollkommen gefangen nimmt. Sie wurde zwar neu eröffnet und erweitert, aber eigentlich begeistert sie schon seit 1908 Besucher mit spektakulären Ausstellungen und bedeutenden Stücken wie „Die Erschießung Kaiser Maximilians von Mexico" von Edouard Manet oder Werken von Anselm Kiefer oder Francis Bacon. Der atemberaubende Bau aus offenen Kuben, die das Sonnenlicht herein- und mitgestalten lassen, lässt das Kunstliebhaberherz Salti schlagen! Von spektakulärer Kunst, wie die fliegende Uhr oder die Passage aus Licht, bis hin zu leiseren Exponaten, die man möglicherweise erst entdeckt, wenn man achtsam mit offenen Augen über Brücken und Treppen durch die Kuben schlendert – unzählige atemberaubende Schönheiten!

TIPP *Hier gibt es so viel zu entdecken, dass sich die Jahreskarte für 30 Euro schnell lohnt.*

Da ist so ein leises Werk! Die Suche nach Perfektion führt unweigerlich zu „am Golf von Gascogne" von Karl Theodor Boehme, das dem Museum 1911 von Alfred Lenel geschenkt wurde. Das Bild zieht den Betrachter in seinen Bann, fesselt ihn wie eine Sirene. Der Anblick des tosenden Meeres am Strand von Gascogne katapultiert einen mitten ins Geschehen. Man kann die Wellen hören, wie sie stetig an den Strand schlagen. Die Luft riecht plötzlich nach Meer. Unfassbar realistisch, wie die Sonne sich ihre Bahn durch die Wolken bricht, um sich dann im aufgewühlten Meer zu spiegeln. Das Bild besticht vor allem durch beeindruckende Pinsel-Perfektion, mit der es irgendwie Hoffnung erzeugt, auch wenn man vielleicht gerade Sorgen hat. Was man mitnimmt: die Postkarte von „Gascogne" zum Andenken aus dem Museumsshop. Eine Idee zu einem eigenen Kunstwerk. Oder ganz viele neue Definitionen von Perfektion.

⊙ **Kunsthalle Mannheim, Friedrichsplatz 4, 68165 Mannheim, Tel. (06 21) 2 93 64 23**
www.kuma.art
⊙ **ÖPNV: Straßenbahn 1, 6/6A, Haltestelle Tattersall, Straßenbahn 3, 4, 5/5A, 6/6A**
Bus 60, 63, 64, Haltestelle Kunsthalle

FAMILIE LENEL

the Lenel family

Starterlaubnis ins Glück

55 *Abheben am City Airport Mannheim*

Wo soll denn hier der Flughafen sein? Steht man vor dem Terminal des Mannheimer City-Airports könnte man ihn tatsächlich übersehen. Nur das Flattern der Rotorblätter vor dem Mini-Tower zeugt von Geschäftigkeit. Da, hinter der Glastür, ist wirklich ein Rollfeld, und das schon seit 1926, mit zunehmender wirtschaftlicher Bedeutung.

Beim Hineingehen zieht die endlose Weite des Flugplatzes den Blick in ihren Bann. Kleine Flughäfen beherbergen scheinbar die gleiche Sehnsucht abzuheben wie große. Ein hübsches Café in der Wartehalle versüßt das Warten auf den nächsten Start. Dass es bis dahin noch eine Weile dauern kann, stört hier niemanden. Für kurzzeitig gestrandete Weltenbummler und Geschäftsreisende, Piloten und Stewardessen hat die Besitzerin alles, was das Herz begehrt: leckere, frisch gebackene Waffeln zum Beispiel oder hauchdünne Schoko-Crêpes.

Es gibt viel zu entdecken. Vielleicht sollte man mal einen Tragschrauber-Rundflug machen? Einfach abheben und auf die Welt im Spielzeugformat hinunterschauen? Oder eine Flight-Simulation? Fantasiebeflügelte Abenteuerlust. Alles scheint möglich.

Den Blick nach draußen gerichtet, könnte man stundenlang auf einen Piloten warten, der einen mitnimmt in den siebten Himmel. Ja, ein Hauch Romantik weht mit dem Kaffeeduft durch die ansonsten cleane Halle. Es ist das Gefühl von Freiheit. Das Gefühl, jetzt und hier, ohne lange Check-in-Zeiten und Sicherheitskontrollen einfach nach draußen zu gehen und einsteigen zu können. Man sucht auf der Abflugtafel nach dem Lieblings-Kurzurlaubsort: Berlin, Sylt oder Hamburg?

Langsam wird es dämmrig. Der Sonnenuntergang hinter der majestätischen SAP Arena bringt einen zurück ins Jetzt. Wenn es dunkel ist, glitzern die Lichter des Rollfeldes verführerisch in allen Farben.

Sehnsuchtsbeflügelt verlässt man die Flughafenhalle mit einer Menge neuer, verrückter Pläne für Abenteuer, während gegenüber der ausgediente, blau beleuchtete „Blue Tower" am Wochenende partyhungrige Nachtschwärmer anzieht.

● City Airport Mannheim, Seckenheimer Landstraße 172, 68163 Mannheim, Tel. (06 21) 41 93 90
www.flugplatz-mannheim.de
● ÖPNV: Straßenbahn 5, 6/6A, 9/9 Express, Bus 45, 50, Haltestelle Neuostheim

Nachbarschafts-Sinnesreise

56 *Die Grüne Meile*

Online bestellen ist im Trend – sogar Essen wird heute auf Wunsch direkt vor die Tür geliefert. Das spart natürlich Zeit. Das achtsame Aussuchen, Riechen und Fühlen der leckersten Sorten fällt dabei allerdings weg. Umso seltener und wertvoller werden Oasen wie die Grüne Meile. Auf dem Weg durch die Lange Rötterstraße kommt man an den Tischen voller Narzissen, Rosen und Amaryllis nicht vorbei. Die bunten, duftenden Lebensboten bremsen einen mit ihrer Schönheit! Welche Vielfalt! Und dieser betörende Duft!

Die Grüne Meile hat aber viel mehr zu bieten als diese Blumenpracht. Hier gibt es frische Lebensmittel, die man so sonst vermutlich nur noch auf dem Wochenmarkt bekommt. In großen Körben lachen heimische Früchte und Gemüse Besucher an, und man hat das Gefühl, in einem Bauernhofladen zu stehen. Alles ist nah und zum Anfassen. Je nach Jahreszeit locken unterschiedliche knackige Frucht-Versuchungen und andere schmackhafte Gewächse. Am liebsten würde man sofort in die reifen Birnen, Mandarinen und Pflaumen beißen. Im geschäftigen Treiben der paradiesischen Vielfalt treffen sich Nachbarn und Stadtteilfreunde auf ein Pläuschchen beim Einkauf.

Wofür das Herz der Besitzer Clarissa und Raffael Stierlin schlägt, sieht man sofort: Für regionale Frische! Egal ob man ein Geschenk sucht, einen stilvollen Trauerschmuck, eine schicke Deko-Idee für zu Hause, einen Strauß für seine Liebste oder die perfekten Zutaten für das Abendessen und den Rest der Woche: In der „Grünen Meile" wird man fündig. Und das nicht nur praktisch, sondern auch emotional. Produkte aus dem Herzen der Natur erfreuen Besucher, als wären sie gerade vom Feld hierhergehüpft, um Menschen ihre Sinne zurück ins Bewusstsein zu bringen. Der Geruchssinn, der Geschmackssinn, das Auge – alle werden hier abgeholt. Die Fähigkeit, eine Frucht an ihrem Geruch zu erkennen. Der Blick für Reife und Haltbarkeit. Das Näschen für Frische und Qualität. Das Gefühl von Reife. Eine köstliche Sinnesreise der ganz besonderen Art.

●●

⊙ Grüne Meile, Lange Rötterstraße 22, 68167 Mannheim, Tel. (06 21) 3 58 22
⊙ ÖPNV: Straßenbahn 1, 2, 3, 4/4A, 15 und Bus 53, 61, Haltestelle Alte Feuerwache,
ca. 5 Minuten Fußweg

Verliebt in Mode

57 *Fashiontraum Wallstadt*

Der neugierige Besucher des kleinen Hinterhofs in der Wallstadter Hauptstraße tut gut daran, bis ganz nach hinten zu gehen. Denn Glück lauert in den ungewöhnlichsten Ecken. Hier wartet eine Oase voller bunter, ungewöhnlicher Dinge, die man so noch nie gesehen hat. Lebensfreude lacht aus allen Ecken. Handbestickte Kissen reihen sich an einzigartige Taschen und handgemachten Schmuck. Hallo? Hier spricht deine weibliche Seite. Obwohl es auch wundervolle, handgearbeitete Baumwollpullover für den Herrn gibt.

Ganz klar: Hier kauft man hochwertige Lieblingskleidungsstücke. Jedes erzählt seine eigene Geschichte. Zum Beispiel die handbestickte Fransenjacke aus Marrakesch oder die nietenbesetzte Handtasche aus Ziegenleder. Und die Geschichte von Petra, einer der beiden Besitzerinnen des „Fashiontraum". Sie hat diesen Traum jahrelang geträumt, bis sie ihn endlich wahr machte. Alles hier ist handverlesen und persönlich. Betont besonders. Es wirkt zusammengehörig und stammt doch aus allen Teilen der Welt. Man fühlt sich verbunden mit jedem, der die Sachen hergestellt hat, ob mit dem Marokkaner am Straßenrand oder dem Holländer in der Designwerkstatt.

Vorsicht: Hier könnte es passieren, dass der Sinn für schöne Dinge mit dem inneren Finanzminister in Diskurs gerät. Es gibt einfach zu viel Schönes hier. Wie könnte man etwas davon zurücklassen? Stammkunden aus ganz Deutschland wissen, weshalb sie herkommen. Für die Liebe zum Detail, für die Freundschaft und für Design-Vollkommenheit. Und wenn sich mal alles dreht vor Shopping-Fieber, dann setzt Petra einen auch gern mal hin und kühlt einen mit einem Getränk oder Kaffee ein bisschen runter. Detailverliebt streichelt man dann vielleicht eines der Alpakas, die neben einem auf dem originellen Hocker wohnen. Sind die echt? Gefühlt ja. Macht süchtig! Irgendwann ist auch der schönste Fashiontraum zu Ende. Wichtig: Beim Aufwachen zuerst die Beute sichern! Beim Gehen zwinkert einem vermutlich das Alpaka zu und gibt einem ein Lächeln mit auf den Weg.

- -

Fashiontraum, Mosbacher Str. 21, 68259 Mannheim, Tel. (01 76) 32 58 98 43
www.fashiontraum.com

ÖPNV: Straßenbahn 5/5A, 15, Haltestelle Wallstadt Bahnhof, 5 Minuten Fußweg, Bus 50, 57, Haltestelle Wallstadtschule, Haltestelle Frankenstraße oder Alemannenstraße

Überraschend persönlich

58 Das Geschäft Wohnhunger

Uwe Schellbach hat sich in seinem Freundeskreis schon immer die meisten Gedanken über persönliche Geschenke gemacht – und hat als Grafikdesigner ein Auge für Schönes. Diese Gabe kann man sehen: in seinem Geschäft „Wohnhunger" in der Schwetzinger Vorstadt.

Dem Neugierigen bieten sich viele Möglichkeiten, sich selbst und andere glücklich zu machen: Wohnaccessoires, Geschenkartikel oder außergewöhnliche kulinarische Köstlichkeiten? Hyggeliges aus Dänemark, Schweden, den Niederlanden, Frankreich, England, aber auch aus kleinen, feinen deutschen Manufakturen präsentiert sich hier dem Glücksgeschenke-Sucher in skandinavischer Wohnaccessoire-Umgebung. Der Duft von frischem Biobrot, regionalen Wurstwaren und englischen Seifen empfängt einen schon im Eingangsbereich. Besonders beliebt: die ausgefallenen Postkarten. Ausgesuchte Minipflanzen werden besonders gerne als persönliche Glücksbringer verschenkt. Der heimliche Star: Mannheim selbst als Accessoire-Motiv.

Die Atmosphäre im Mannheimer Elchenland ist warm und heimelig wie in Lappland. Hier findet der Kuriositätenjäger alles, was ein Heim zu einem Zuhause macht. Es passt einfach alles zusammen: Herzstücke wie verrückte Socken, schicke Kerzenhalter, Adventskalender, skurrile Lampen, lustige Spiele, erlesener Wein, Kaffee, Fischkonserven, schwedisches Lakritz und vieles mehr bilden ein stimmiges Angebot. Kunden, die gerne noch persönlich einkaufen anstatt online zu bestellen, kommen viele Kilometer nach Mannheim gereist, um zum Beispiel die exklusiv hier erhältlichen Rucksäcke von Fitz&Huxley zu erwerben.

Es ist ein Ort des Lachens und Staunens, ein Bonbonladen für Erwachsene, immer wieder aufregend neu. Das liegt daran, dass Uwes Suche nach dem Besonderen und Kuriosen weitergeht. Die kleinen Kunden bekommen immer einen Music-Drops, das gehört hier dazu.

Man kann aber auch ohne Geschenke einfach nur glücklich inspiriert den Laden verlassen – mit der lustigsten Idee für den nächsten Geburtstag im Freundeskreis!

··

Wohnhunger, Seckenheimer Str. 23, 68165 Mannheim, Tel. (06 21) 1 78 10 32
www.wohnhunger.de

ÖPNV: S-Bahn Linie S1, S2, S6, Haltestelle Mannheim Hauptbahnhof, ca. 10 Minuten Fußweg,
Straßenbahn 1, Haltestelle Kopernikusstraße, ca. 5 Minuten Fußweg

Kollektiver Bewegungsdrang

59 *Bauch, Beine, Po wecken im Unteren Luisenpark*

Und 1 und 2 … und 1 und 2 … hier geht es dem Winterspeck so richtig an den Kragen! Einen schöneren, idyllischeren Ort für Bewegung im Freien findet man selten. Einmal Frischluftakkus auftanken in der Mitte der Stadt bitte. Hier treffen sich alle, Alt und Jung, Fans des himmelhohen Klettergerüstes, des Kricketspiels, des Fußballrasens, der Aschenbahn oder der Calisthenicsanlage.

Bei „Sport im Park" gibt es im Sommerhalbjahr unzählige kostenlose Sport- und Fitnessangebote von Yoga über Pilates bis hin zu Qigong, Nordic Walking und BuggyFit mit Kinderwagen. Wem hier noch eine Ausrede einfällt, warum er keinen Sport macht, der ist wirklich gut. Wo so viele Gleichgesinnte unter freiem Himmel zusammenkommen, fühlen sich schweißtreibende Übungen eher wie pures Vergnügen an. Spaziergänger tänzeln den Grünflächen-Cha-Cha, Hunde hechten vor Freude bellend ihrem Stöckchen hinterher. Dort hinten am endlosen Sandkasten vergnügen sich die Kleinsten. Ihr lautes Rufen und ihre Freudenschreie tönen bis ans andere Ende des Unteren Luisenparks zwischen der Kolping- und der Bassermannstraße. Ein bisschen fühlt man sich wie im New Yorker Central Park – mitten in einer wunderschönen, grünen Oase, weitab vom Treiben der Stadt, die dennoch sichtbar umgeben ist von den prunkvollen Villen Neuostheims und der Oststadt

Der kleine, geheime, kostenfreie Bruder des großen Luisenparks nebenan braucht keine Umzäunung und keine offiziellen Eingänge. Hierher kann einfach jeder kommen, der dringend eine Portion Grün in seinem Alltag braucht, denn hier ist nicht der Geldbeutel die Eintrittskarte, sondern der Wille zur unbedingten Entschleunigung. Auch den Bewohnern des nahen Krankenhauses und des Altersheims bietet der Park die Möglichkeit für angemessene Bewegung und naturnahe Genesung. Die Vögel singen fröhlich in den riesigen, uralten Bäumen, und Menschen schütteln entspannt Stress und Unmut ab, um das Leben für eine kleine Weile in vollen Zügen bewusst zu genießen. Auszeitmodus an!

· ·

🔴 Unterer Luisenpark, Werderstraße 54, 68165 Mannheim
🔴 ÖPNV: Bus 60, 62, Haltestelle Lanzvilla

Glück von oben

60 *Fernmeldeturm Mannheim*

Von unten unvorstellbar, welche Aussichten dort oben warten. 218 Meter grauer Stahlbeton ragen majestätisch in den Stadthimmel. Am gläsernen Eingangsbereich zum Fahrstuhl ahnt man es: „Dieser Aufzug wird von einer netten Person gefahren", begrüßt ein blaues Schild. Hier fühlt man sich willkommen, bereit, seine Sichtweise auf die Stadt, vielleicht auch auf die Welt, für ein paar Momente zu ändern. Bei sechs Metern pro Sekunde hat man die Wahl – unkommentierte Aussicht mit Gaumenschmaus im „Dreh-Restaurant SKYLINE" oder informativer Überblick. Beides wird den Besucher in einer Stunde einmal um die eigene Achse drehen.

Auf 121 Metern über dem Luisenpark geben die Fahrstuhltüren den Blick frei. Atemberaubt betritt man die Aussichtsplattform. Alles um einen herum ist Überblick. Dank der übersichtlichen Infotafeln sortiert sich die Weite zu einem Plan und gibt Geschichte preis. Überall Details über diese endlose Welt aus der Vogelperspektive. Die beiden Neckarläufe ziehen ihre Bahnen bis in die Hügellandschaften des Odenwaldes und der Bergstraße und nehmen alles, was ihren Lauf begleitet, spiegelnd mit sich. Gedanklich notiert man die nächsten Ausflugsziele: Königsstuhl, Kalmit, Hambacher Schloss …

Die Rheinebene liegt Schulter an Schulter mit der Pfalz am Horizont. Die Geräuschlosigkeit hier oben macht das Szenario unwirklich. Gedanken schweifen über den Horizont und suchen Vertrautes. Pompöse Prachtbauten wie das Mannheimer Barockschloss oder die Jesuitenkirche, aber auch industrieromantische BASF-Schornsteine erregen die Aufmerksamkeit. Sie präsentieren sich stolz und fügen sich dennoch irgendwann demütig ein in das sanft-grüne Leuchten der Hügelketten des Pfälzer Waldes. Man entdeckt seine Heimat neu und weiß jetzt wieder, warum es auch eine Wahlheimat ist.

Von hier oben gesehen sind alle Sorgen so klein wie die Bötchen auf dem Kutzerweiher unten. Ganz vergessen sind sie, wenn die Sonne den 360-Grad-Horizont rosa färbt. Schon bevor man wieder hinunterfährt, fühlt man sich angekommen.

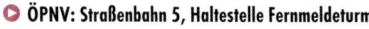

▶ Fernmeldeturm, Hans-Reschke-Ufer 2, 68165 Mannheim
www.skyline-mannheim.de/fernmeldeturm-mannheim
▶ ÖPNV: Straßenbahn 5, Haltestelle Fernmeldeturm

Zur Milchstraße, bitte!

61 Planetarium Mannheim

Woher kommen wir? Wie ist unsere Welt entstanden? Wie alt ist das Universum? Gibt es Leben auch außerhalb unseres Heimatplaneten Erde? Antworten auf diese und viele andere Fragen bekommt man in Mannheim im Planetarium.

Wer hier eincheckt, kann sich auf täuschend echte, virtuelle Reisen in ferne Galaxien, Wanderungen durch die Milchstraße und Erkundungsspaziergänge auf dem Mond freuen.

Allen Ballast abwerfen, sich schwerelos fühlen wie im Weltall? Abheben und fliegen? Wer denkt, das ginge bei uns nicht, der war noch nie hier. Die Möglichkeit dazu hätte er schon seit 1927 gehabt.

Im Planetarium kann man den in lichtverschmutzten Städten verlorengegangenen Sternenhimmel wiederentdecken und sich vor allem astronomisch weiterbilden. Große und kleine Entdecker erfahren alles über Sterne und Sternbilder und lernen, sich am Sternenhimmel zu orientieren. Im 20 Meter hohen Kuppelsaal beginnt das Abenteuer. Wenn das Licht langsam gedimmt wird, blendet man alles um sich herum aus und lässt sich in die tiefe, wohlige Dunkelheit der Kuppel fallen. Man kippt den bequemen Polstersessel nach hinten und fühlt sich wie in einem Bett unter freiem Sternenhimmel. Alles bewegt sich. Staunende Besucheraugen leuchten im Dunkeln. Man wird förmlich hineingesogen in Millionen Sterne. Schwerelosigkeit. Es fühlt sich ein bisschen an wie Fliegen und Fallen zugleich. Mitfliegen auf einer aufregenden Reise.

Für Schulklassen und Kinder gibt es viele verschiedene Vorführungen, die den Sternenhimmel altersgerecht und unterhaltsam erklären, wie z.B.: „Wo bitte geht's denn hier zur Milchstraße?" Für die Großen gibt es auch andere kulturelle Veranstaltungen. Welche Sternbilder man aktuell über Mannheim und Umgebung beobachten und wann man endlich mal wieder eine Sternschnuppe sehen kann, erfährt man monatlich über den Newsletter. Bücher, Postkarten, riesige Globen und Poster von Planeten und Galaxien – was nimmt man jetzt als Erinnerung mit? Das Gefühl, dem Himmel ein bisschen näher zu sein.

....

 ▶ Planetarium Mannheim, Wilhelm-Varnholt-Allee 1, 68165 Mannheim, Tel. (06 21) 41 56 92
www.planetarium-mannheim.de
 ▶ ÖPNV: Straßenbahn 6/6A, 9, Haltestelle Planetarium, ca. 5 Minuten Fußweg

Hier steppt der Bär

62 MIE HOUSE

Was sich wohl hinter dem Namen MIE HOUSE und der bezaubernden alten Fassade verbirgt? Vielleicht gibt der Bär auf dem Logo Aufschluss? Zum Herausfinden muss man einfach der Menge Nachtschwärmer folgen, die sich hier zum Wachwerden trifft. Dank Ganztags-Frühstücksangebot könnte man sich sogar vorher noch mal hinlegen. Aber es locken warme französische Tartines und frisches Trüffel-Bio-Rührei. Wer will da schlafen?

Petrolfarbene Wände, duftende Blumen und schimmernde goldene Details schaffen eine besondere, edle Atmosphäre wie in einem japanischen Fischerhaus. Das senffarbene Samtsofa bringt es auf den Punkt: Loslassen ist angesagt – egal ob hier oder im Garten unter der Aufsicht des großen Ganesha-Elefanten aus Lavastein.

Auf den liebevoll bemalten Kacheln der Theke hüpfen fröhlich Äffchen und bunte Vögel und verbreiten gute Laune, obwohl sie vom Aussterben bedroht sind, worauf die Künstlerin sanft hinweisen will. Die weltoffenen Gäste mit einem Sinn für solche Themen treffen sich im MIE HOUSE und genießen Penne mit grünem Basilikumpesto oder einen handgepflückten asiatischen Tee. Wie in Asien üblich wird Essen hier oft geteilt. Zusammen die Speisekarte durchmachen schmeckt nämlich gleich mehrfach so gut! Dabei lächeln Tiere aller Art einem zu, nicht nur Bären oder Winkekatzen, sondern auch die Astronautenkatze oder das Alpaka Dede aus Peru. Im gastfreundlichen Plausch mit dem Besitzerpärchen klärt sich, warum die Bar MIE HOUSE heißen musste: Sie sind in ihrer teils thailändischen Familie nämlich als das „Bären-Team" bekannt. Und MIE heißt Bär auf Thai. Die leckeren, speziellen Gerichte wie „Signature Dish Trüffelfritten", „Massaman Curry" und das Hummus der Woche, z.B. mit Minze, stammen aber nicht nur aus Thailand, sondern aus der ganzen Welt.

Abends, wenn im MIE HOUSE der Bär steppt, wird der erlesene TWG Tee aus Singapur einfach gegen spritzige Cocktails getauscht. Hier kann man herrlich dem Alltag entfliehen! Abschalten und genießen!

MIE HOUSE, J7, 3, 68159 Mannheim, Tel. (06 21) 16 63 90 69
www.miehouse.de
ÖPNV: Straßenbahn 1, 3, 4/4A, 5/5A, 7, 15, Haltestelle Abendakademie, 3 Minuten Fußweg

Glücksbad für Sonnenfans

 63 *Urlaubsort Strandbad Mannheim*

Sonnenstrahlen kitzeln die Nase, der Blick wandert über die sanften Wellen, die Füße sind vergraben im Sand. Mehr Urlaubsfeeling geht nicht. Und so was gibt es mitten in der Stadt? Ja, und zwar am legendären Strandbad. Es liegt eingebettet in einer Rheinschleife unterhalb der Reißinsel im Waldpark. Hier machen Augen und Seele Urlaub, heute wie auch schon damals in den 1920er- und 1930er-Jahren. 40.000 Besucher an einem Tag zählte das Strandbad bereits am 21. August 1932.

Kein Wunder! Was könnte es Schöneres geben, als an einem lauen Sommerabend im Gras, auf warmen Betonplatten oder am Kiesstrand liegend die vorbeifahrenden Schiffe zu beobachten und mit Blick auf den weiten Horizont und den Rhein zu picknicken?

Familien sammeln sich um dampfende Grills, brutzeln entspannt in der Sonne, spielen auf dem Badmintonfeld und der Wiese oder chillen einfach, um die Glückshormonproduktion auf Hochtouren zu bringen.

Das Tuckern der vorbeiziehenden Schiffe wirkt beruhigend, die Jetskimotoren wiederum brüllen nach Abenteuer. Hat der Camper da drüben mir gerade gewunken? Es herrscht ein Gefühl von Freiheit, man kann das Glücklichsein der anderen in der Abendsonne auf ihren Gesichtern flimmern sehen.

TIPP Bei Sonnenuntergang im Purino auf der Terrasse sitzen.

Kinderlachen ist ein fester Bestandteil dieser Urlaubsidylle, die besonders Familien schon immer zu schätzen wussten.

Obwohl das Strandbad 1927 zwischen Rheinkilometer 249 und 250 ursprünglich aufgeschüttet wurde, um den Mannheimern kostenfreien, ungetrübten Badespaß zu ermöglichen, ist das Planschen hier heute aus Sicherheitsgründen leider verboten. Das tut der Erholung jedoch keinen Abbruch. Füße von den Wellen kühlen lassen ist ja zum Glück erlaubt. Wenn einen der Hunger packt, erobert man am besten sonnenaufgeladen das Restaurant Purino, das auf überdimensionalen Stelzen steht und mit einer überdachten Panoramaterrasse direkt am Strand lockt. Hier kann man bei leckerer Pizza und Pasta mit atemberaubendem Ausblick einen der schönsten Sonnenuntergänge der Stadt genießen.

○ Strandbad Mannheim, Strandbadweg 1, 68199 Mannheim
○ ÖPNV: Straßenbahn 3, Haltestelle Rheingoldhalle, Bus 49, Haltestelle Strandbad

Glück zwischen den Zeilen

 64 *Kinder- und Jugendbibliothek Dalberghaus*

Das wunderschöne gelbe Barockpalais Dalberghaus ist eines der wenigen alten Häuser in der Mannheimer Innenstadt, das nach dem Zweiten Weltkrieg äußerlich genau wie einst 1733 wiederaufgebaut wurde. Ein Hauch von Geschichte weht daher um die 26.000 Medien im Inneren dieses Speichers des Wissens, der zentralen Kinder- und Jugendbibliothek. Und gleichzeitig kann man hier Zeuge werden, wie neue Träume geboren werden.

Überall leuchten staunende und wissbegierige Kinderaugen, deren Feuer einen unwillkürlich ergreift. Kleine Entdecker tauchen mit Filmen, Spielen, DVDs, Hörspielen und natürlich unzähligen Büchern ein in die faszinierende Welt der Literatur und des Wissens. Geschichte, Wissenschaft oder Hobbies – ihr unbändiger Hunger nach neuen Erfahrungen reißt einen mit. Kleine Erdenbürger fliegen über Buchrücken oder schauen fragend in die wohlwollenden Augen ihrer Eltern. Man kann fühlen, wie nah sich Eltern und Kinder hier sind. Ihre unbeschwerte Art der Neugier steckt an! Keine Frage: Lesen macht glücklich! In der ebenfalls

TIPP Für Kinder ist das Bücherausleihen in Mannheim kostenlos.

hier untergebrachten städtischen Musikbibliothek finden außer den spannenden Leseevents, Führungen, Workshops und Ausstellungen auch häufig Konzerte statt.

Es ist die Liebe zum Lernen, die alle hierherführt und verbindet. Schon ab dem Krabbelalter kann man verschiedenen zweisprachigen Vorlesestunden lauschen. Hier entsteht es: Leben ohne Grenzen! Aufwachsen ohne Barrieren in einer funktionierenden multikulturellen Gesellschaft. Wann nimmt man sich schon mal Zeit dafür, sich zu öffnen und Geschichten und Neues unbekümmert aufzusaugen? Wann waren wir zuletzt so neugierig, so offen für Dinge? Vielleicht, als man als Kind endlich lesen konnte? Wie stolz war man da! Es war ein Start in eine andere Welt, in der man nun endlich so vieles verstand. Welches war noch mal mein Lieblingsbuch in Kindertagen? Ah … da drüben, „Hanni und Nanni"! Geschnappt und in der gemütlichen Leseecke bequem gemacht – und sich dann selbst noch einmal begegnen!

Stadtbibliothek Mannheim: Kinder & Jugendbibliothek, N3, 4 (Dalberghaus), 68161 Mannheim, Tel. (06 21) 2 93 89 16 , www.mannheim.de/de/bildung-staerken/stadtbibliothek
ÖPNV: Straßenbahn 1, 2, 3, 4/4A, 5/5A, 6/6A, 7, 15, Haltestelle Paradeplatz, ca. 5 Minuten Fußweg

Glück Ahoi!

 Feiern in der Onkel Otto Bar

Weder die Zerstörung im Zweiten Weltkrieg noch Vernachlässigung noch ein dort beheimatetes Rotlichtetablissement konnten ihrer zweideutigen Attraktivität etwas anhaben. Als die Onkel Otto Bar 2005 nach längerer Pause wiedereröffnete, war ein neuer Szenetreffpunkt im aufstrebenden, umtriebigen Stadtviertel Jungbusch geboren.

Glühende Bullaugen locken die Streuner und weisen den Nachtschwärmern den Weg zu ihrem Glück. Jeder kennt die Lady mit den roten Augen, den stimmungsvoll verrucht angestrahlten Fenstern. Und jeder weiß auch, was ihn hier erwartet. Hier gehen die Partyglückssuchenden der mittleren Altersklasse an Bord, wann immer sich Freitag- und Samstagabend die Schotten öffnen.

Das klassische Nachtleben wollen Martin und Eric Schweppe hier erhalten. Getränke-Flatrates und Dance-Acts? Radler? Cocktails? Sucht man hier vergebens. Party mit Stil ist die Devise!

Die Onkel Otto Bar ist zu später Stunde voll. Werbung braucht es dafür nicht. Sie ist eine Institution im Mannheimer Nachtleben, eine der wenigen Konstanten in den veränderungsliebenden Straßen des Jungbusch. Inmitten der handverlesenen Innenausstattung fühlt man sich ein bisschen wie damals, als die Ladies in den Kneipen im Hafen die wilde Horde Matrosen empfingen, die gerade angelandet war. Im Licht der roten Schiffslampen und im Rauchgeschwader der Partyhungrigen fühlt sich alles irgendwie verboten an. Selbst die Blicke, die zwischen den Tanzenden ausgetauscht werden, scheinen heimlich, aber voller Erwartung.

In diese verheißungsvolle Zeit hineinkatapultiert kann man loslassen, sich vom Abend und den Geschehnissen gefangen nehmen lassen und in der Menge und der bunt gemischten immer passenden Musik mitschwingen. Ein Abend gleicht einem Abenteuer auf hoher See.

Taumelt man dann spätnachts glückstrunken zurück in die Straßen des Jungbusch wünscht man sich, es wäre schon wieder Freitag und die Onkel Otto Bar riefe: „Leinen los".

● Onkel Otto Bar, Jungbuschstraße 8, 68159 Mannheim, Tel. (01 76) 20 39 00 83
www.onkelottobar.de
● ÖPNV: Straßenbahn 2, Haltestelle Dalbergstraße, ca. 5 Minuten Fußweg,
Straßenbahn 1, 3, 4/4A, 5/5A, 7, 15, Haltestelle Marktplatz, ca. 10 Minuten Fußweg

Bei den sanften Riesen

66 *Die Schottischen Highland-Rinder in Seckenheim*

Sie strahlen eine unglaubliche Ruhe aus. Die massigen und dennoch eleganten, langhaarigen Schottischen Highland-Rinder lösen irgendwie den Reflex aus, einen Gang runterzuschalten. So wie sie einfach mal den Bauch baumeln lassen. Schaut man in ihre großen, dunklen Augen, dann fühlt man: Genügsamkeit und Gelassenheit sind die Schlüssel zum Glück. Wo die majestätischen, stoischen Gefährten zu finden sind? Im Holzweg in Seckenheim zum Beispiel oder auf der Wiese beim Wasserturm. Manchmal auch im Inneren Heckweg in Suebenheim. Sie tummeln sich aber auch auf Veranstaltungen, wo sie Kindern und Familien große Freude bereiten, wie z.B. auf dem Maimarkt oder an den Adventswochenenden bei der lebendigen Krippe des Seckenheimer Kleintierzuchtvereins.

Der gelernte Schäfer Niko Xanthopoulos und seine gesamte Familie kümmern sich liebevoll um ihre 15 bis 20 Highland-Kinder, um ihre 60 Walliser Schwarznasen-Schafe und einige Ziegen. Jedes Tier hat einen Namen, und die Haarpracht der Rinder wird täglich sorgsam gekämmt. Das ist für sie wie streicheln. Die Jungs und Mädels mit Namen wie „Omar", „Celina" oder „Olessia" freuen sich immer über Ansprache. Sie haben das Glück, jeden Tag des Jahres draußen verbringen zu dürfen.

TIPP *Eine besondere Freude ist es, im Frühjahr die Kälbchen und Lämmer zu bestaunen.*

Die Riesen leisten brav ihre Dienste als natürlicher, spritsparender Rasenmäher und geben auch sonst sehr viel. Sie vermehren sich aus Liebe, und die Mütter ziehen ihre Kälber liebevoll groß, acht Monate weichen die Kleinen ihnen nicht von der Seite, fast wie bei uns Menschen. Das Fleisch der Highlands ist sehr begehrt und kann bei Niko erworben werden. Alles bis auf die Lende: die ist bereits auf Jahre im Voraus ausverkauft. Die Familie macht Führungen für Schulklassen, um den Kindern die landwirtschaftlichen Nutztiere nahezubringen. Ein Glück, das lange nicht alle Stadtkinder haben. Leuchtende Kinderaugen treffen auf kauende Grasvernichter. In dieser heilen Welt am Holzweg mähen die Highlands und Schafe zufrieden vor sich hin und lehren das Glück der Gelassenheit.

🔵 Standort Wiese beim Wasserturm, am Kreisel Suebenheimer Allee/Kloppenheimer Straße
🔵 ÖPNV: Straßenbahn 5/5A, 9 Express, Bus 40, 43, 44, Haltestelle Seckenheim Rathaus, ca. 10 Minuten Fußweg, Bus 40, Haltestelle Kapellenplatz, ca. 5 Minuten Fußweg

Rivalen der Rennbahn

67 *Wetteifern auf der Waldrennbahn Seckenheim*

Ein paarmal im Jahr, von März bis Oktober, kann man sich dank des Badischen Rennvereins auf der Seckenheimer Waldrennbahn unter die oberen Zehntausend mischen und ein bisschen Ruhm und Reichtum schnuppern. Oder einfach nur einzigartigen Pferdesport mit anmutigen und kraftvollen Tieren genießen, Freunde treffen oder sein Glück beim Wetten herausfordern.

Alles hier ist irgendwie aufregend. Wie geht das mit dem Wetten? Werde ich heute Millionär? Und wieso tragen hier manche so komische Hüte? Überall fröhliche Menschen. Sie treffen sich hier auf einen Aperol Spritz, einen guten Wein oder eine Currywurst. Sehen und gesehen werden. Stallduft liegt in der Luft.

Die Atmosphäre ist familiär, selbst als Neuling fühlt man sich sofort wohl. Hübsch herausgeputzte Kinder wuseln durch die Gegend und freuen sich an den genauso eleganten Pferden mit frisierter Mähne.

Jetzt schnell erklären lassen, wie die Wetten funktionieren, Lieblingspferd, -stall oder -jockey aussuchen und die Quoten checken. Dann muss man nur noch den Wettschein ausfüllen. Sieg oder Platz? Kombi oder Einzelwette? Das Glück richtig herausfordern oder erst mal nur leicht antesten? Hier wird der Zocker in einem geweckt. Sogar digital mitwetten ist möglich, so mischt sich Rennsporttradition mit Moderne.

Plötzlich geht es los, kribbelnde Aufregung schwappt über, Menschen eilen zur Rennbahnumzäunung und fiebern mit den Stars des Tages in der mobilen Startbox. Ein lauter Glockenton tönt aus den Lautsprechern, und schon donnern die muskulösen Rennpferde an den Rängen der Haupttribüne vorbei. Pferdefans und Wettbegeisterte jubeln ihren Favoriten frenetisch zu. Alle hat spätestens jetzt das Rennfieber gepackt. „Go Baker Street, go Platin Lover! Jaaaaa!" Dann wird man von den Emotionen mitgerissen, die Freude übermannt einen, und es ist fast schon egal, welches Pferd nun als Erstes ins Ziel gekommen ist. Ein glückliches High-Five für den Nebenmann!

....

Waldrennbahn Seckenheim, Turfweg, 68239 Mannheim. Tel. (06 21) 41 60 60
www.badischer-rennverein.de, www.german-racing.com
ÖPNV: Bus 43, 44, Haltestelle Suebenheim, ca. 15 Minuten Fußweg, Bus 40,
Haltestelle Schlittweg, ca. 10 Minuten Fußweg

Der Preis ist EIS

68 Die Eismanufaktur ZeitgEISt

Eis ist ja bekanntlich Opium fürs Volk. Kaum etwas ist für die meisten Menschen im Sommer so verführerisch wie diese kühlende Süßigkeit. Aber kann man eigentlich Eis essen und dabei nicht nur seiner Seele, sondern auch seinem Körper Gutes tun? Gibt es gesundes Eis? Wenn, dann hier, in der Eismanufaktur ZeitgEISt im Lindenhof.

Das wissen inzwischen viele Mannheimer. Zum Leidwesen derer, die sich an warmen Tagen manchmal in langen Schlangen zum Objekt der Begierde voranschlängeln. Was bitte rechtfertigt denn so viel Aufwand für ein Eis?

Die Lieblingseissucher lechzen nicht nach irgendeinem Eis, sondern nach dem cremigen, mit Leidenschaft handgemachten Eis von ZeitgEISt. Der Clou: Die verlockenden Kugeln bestehen aus natürlichen, hochwertigen Zutaten, ohne Farbstoffe, ohne Zusatz- und ohne Konservierungsstoffe. Somit braucht man nicht einmal ein schlechtes Gewissen zu haben! Hier gibt es außergewöhnliche Sorten, die immer wieder Abwechslung ins Genießen bringen. Welche das heute sind, kann man tagesaktuell auch über Facebook erfahren. Allen gemeinsam: der natürliche Geschmack der großen Kugeln. Das ist das eine Geheimnis.

Das andere ist die Eistheke, in der die kalten Schätzchen schlafen, bis der abkühlungshungrige Gast sie daraus befreit. Das Eis ist hier kein Model. Es wird nicht zur Schau gestellt, sondern seine Frische und seine Temperatur wird unter Deckeln geschützt. Wie es aussieht kann sich jeder Neugierige anschauen, wenn er danach fragt. Aber um die Optik geht es nicht. Hier zählt nicht der Schein, sondern das Sein. Die Einrichtung ist schlicht, denn der Star ist hier nur die Eiscreme.

Hat man die Schlange endlich hinter sich gelassen, kann man sich vollkommen in den Genuss stürzen, mit seiner Beute gemütlich zum nahe gelegenen Rheinufer schlendern und ein bisschen die Seele baumeln lassen. Die gute Nachricht: Nicht alle müssen anstehen – es reicht, einen mit der Thermobox vorzuschicken. Der bringt dann den kühlen Schatz wohlbehalten nach Hause.

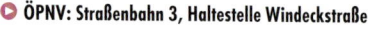

Eismanufaktur ZeitgEISt, Meerfeldstraße 45, 68163 Mannheim, Tel. (06 21) 44 59 01 57
www.eis.jetzt
ÖPNV: Straßenbahn 3, Haltestelle Windeckstraße

Wo die wilden Bohnen wohnen

69 Die Kaffeerösterei Lauri

Kaffee ist das beliebteste Genussmittel der Deutschen. Nun kann man ihn auf die Schnelle „to go" genießen oder seinen Konsum an Orten wie diesem bewusst festlich zelebrieren. Im Wohnzimmer von Gjergj, dem erfahrenen multiplen Mannheimer Gastronom, sitzt es sich in dicken Ohrensesseln fast gemütlicher als zu Hause.

Die Röstmaschinen stehen gut sichtbar im Nebenzimmer, sodass man den Ursprung des braunen Launemachers direkt beobachten kann. Die frischen Bohnen aus Australien, Panama oder El Salvador übernimmt die 40 Jahre alte, urtümliche italienische Kaffeemaschine an der Bar. Sie kann sogar mit Gas statt Strom betrieben werden. Das gute Stück braucht liebevolle Pflege, jemanden, der sich mit ihr beschäftigt. Dafür beschenkt sie die Gäste, die zum genussvollen Entschleunigen hierherkommen, mit einem aromatisch duftenden Wohlfühlgetränk. Die Herkunftsplantagen, mit denen Gjergj persönlich in Kontakt steht, arbeiten mikrobiologisch, und die Bohnen unterscheiden sich je nach Anbau, Klima und Aufbereitung. Im Kamin prasselt ein wohlig wärmendes Feuer, sein Schein taucht diesen urgemütlichen Ort in ein heimeliges Licht. Manchmal werden die Gäste von Gjergjs Liebe zur Abwechslung überrascht, wenn Möbel und Deko mal wieder spontan wagemutig den Platz gewechselt haben.

Nur einen Fehler sollte man hier nicht machen: nach dem „Chef" fragen! Denn dann muss man Geld in die „Schimpfwortkasse" werfen. Alle Mitarbeiter sind gleichwertig, jeder darf sich frei entfalten, übernimmt aber auch Verantwortung, sodass das Team wie eine richtige Familie ist. Deshalb fühlt man sich hier bei frischer Röstung und einem leckeren Stück Kuchen auch so familiär aufgehoben. Oder bei einem Steam-Egg, Rührei, das aus einer Dampfmaschine kommt. Fluffiger kann man Ei nicht zubereiten.

Hier treffen sich Omis und Kids, Businessmen und junge Mütter. Die Mischung ist bunt, aber eines haben sie gemeinsam: Sie passen in keine Schublade. Die gibt es hier auch nicht. Nur Röstmaschinenschubladen.

◉ Kaffeerösterei Lauri, Seckenheimer Straße 31, 68165 Mannheim, Tel. (0621) 44 01 61 41
https://m.facebook.com/Kaffeeroesterei.Lauri
◉ ÖPNV: Straßenbahn 6/6A, 9/9 Express, Haltestelle Werderstraße
Straßenbahn 1, 8/8 Express, Haltestelle Kopernikusstraße

Geheime Mission im Hafen

 70 *Sieferle & KØ Bar*

Wo in Mannheim würde sich James Bond für eine geheime Missions-übergabe mit seinen Engeln treffen? Wohl irgendwo in der Hafengegend. Aber nicht auf der berüchtigten Hafenmeile, wo die anderen Spelunken sind. Eher ein bisschen abseits, in einer kleinen Bar, wo niemand eine Bar vermuten würde, oder? Hier vielleicht, bei diesem ehemaligen Supermarkt am alten Salzkai, gegenüber der Schokoladenfabrik. Seit 2015 ist das Sieferle eine High-End-Cocktail-Bar im Stil der Bars Anfang des 20. Jahrhunderts in den USA während der Prohibition. Betätigt man die goldene Klingel, wird man, wie damals, nach dem Vertrauenscheck vom Barkeeper persönlich hereingebeten.

Auch innen passt die schummrige Bar im 50ies-Style optisch samt Publikum in die Missionsvergabe. Messingfarben und Kupfertöne beruhigen das Gemüt mit ihrer Coolness.

Im Schein der Lampen kann man sie neben sich in der gemütlichen Ledersitzecke oder an der gut sortierten Bar sitzen sehen: die hübsche Agentin und den charmanten Agenten. Doch besonders einer fesselt die Blicke der scherzenden und lachenden Barbesucher: der gut gelaunte Barkeeper. Unaufgefordert präsentiert er ein Glas Wasser als Willkommensgruß wie ein vereinbartes Erkennungszeichen für Missionsbeteiligte. Sofort wird man neugierig. Alles wirkt aufregend und geheimnisvoll. Auf den wenigen ausgesuchten Plätzen unterhalten sich Menschen angeregt. Es duftet nach Alkohol – und nach Verführung. Der Barkeeper fragt nach dem Codewort – getarnt als Frage nach der Geschmacksrichtung und mit tiefem Blick in die Augen – und mixt dann mit viel Liebe zum Detail den persönlichen Hinweis für die Bond-Girls. Was drin ist? Top Secret! Vielleicht ein leckerer Obstbrand aus dem Schwarzwald. Oder ausgefallene Geschmacksreize wie Gin mit Kresse, Fichtensprosse, Veilchen oder Enzian. Kann man Abenteuer schmecken? Im PINK Pool, dem Billardraum nebenan, kann man die Besprechung für die Mission spielerisch weiterentwickeln. Seinen Whiskey nimmt man einfach mit.

TIPP Einen der 25 Sitzplätze vorab per Telefon reservieren.

Sieferle & KØ Bar, Neckarvorlandstraße 17A, 68159 Mannheim, Tel. (06 21) 44 58 94 34
www.sieferleundsailer.de
ÖPNV: Straßenbahn 2, Haltestelle MVV-Hochhaus, 5 Minuten Fußweg oder
Bus 60,62, Haltestelle Am Salzkai, 3 Minuten Fußweg

Offline ist das neue Online

71 *Willkommen in Papyrien*

In Zeiten der Digitalisierung werden Gedanken, Gefühle, Geschichten und Gratulationen nicht selten schnell via WhatsApp, Facebook & Co. versandt. Nur keine Zeit verlieren. Vorbei die Zeiten, als Papier noch der einzige Nachrichtenträger war. Papierverliebte Entschleunigung findet man da an einem faszinierenden Ort mitten in Mannheim, einem Ort zum Schauen, Entdecken und Verweilen – dem Papyrien. Hier nimmt man sich gern Zeit und stöbert in der Offline-Welt von edlen Schreibutensilien, in Leder gebundenen Notizbüchern und hochwertigen Karten – Lieblingsstücke überall. Die Geschenkideen werden einem hier im Papierwunderland nicht ausgehen. Das Geschäft ist einzig in seiner Art. Die individuelle Mischung an ausgefallenen und schönen Dingen trifft den Geschmack von Menschen mit einer Vorliebe für das Außergewöhnliche mit Stil.

Hier findet der Schüler Herzstücke für seine Mama zum Geburtstag, der aufmerksame Herr bringt seiner Frau Wertschätzung nach ihrem Geschmack mit nach Hause. Achtsamkeit macht Liebe. Die kleinen Aufmerksamkeiten zeigen, wie wichtig einem jemand ist. Aus einer großen Auswahl an hochwertigen, exklusiven Geschenkpapieren kann man dann gleich das schönste aussuchen, um darin Besonderheiten für seine Liebsten einzupacken. Die vielen Stammkunden schenken mit dem Herzen, auch die männlichen. Besonders schätzen sie die persönliche Beratung. Hinter jedem Kauf steckt hier noch eine kleine Geschichte. Diese Geschichten gibt Frau Birkmeir, die Inhaberin, mit Gespür für Trends und Liebe zum Detail in der Ladendekoration weiter.

„Wenn ich mal nicht weiß, was ich schenken soll, hier finde ich immer etwas Besonderes", erzählen die Kunden ihr oft glücklich. Kein Wunder. Hier wohnt das „Damals, als wir noch Liebesbriefe auf Papier geschrieben haben"-Gefühl. Als stünde die Liebe zwischen all den Zeilen, die hier darauf warten, geschrieben zu werden. Am Ausgang fällt der Blick auf eine Postkarte, die da sagt: „Hey, schreib doch mal wieder jemandem, den Du gernhast."

• •

Papyrien, 06, 10, Kapuzinerplanken, 68161 Mannheim, Tel. (06 21) 10 65 55
ÖPNV: Straßenbahn 2, 3, 4/4A, 6/6A, Haltestelle Strohmarkt, ca. 5 Minuten Fußweg

Internationales Bässebaden

72 Im Hafen 49

Sommer, Sonne, Strand und Partys unter freiem Himmel, direkt am Wasser – gibt es nur auf Ibiza? Nein, gibt es auch im Mannheimer Jungbusch! Genauer gesagt im Hafen 49 in der Hafenstraße 49.

Schon seit 2013 ist der Hafen 49 die erfolgreichste Open-Air-Location für elektronische Musik in der Rhein-Main-Region. Die internationale A-Liga der elektronischen DJs erobert hier die Bühne, wenn man sich an den Wochenenden und vor den Feiertagen zum Tanzen, Chillen, Longdrinken und auf ein Gläschen Rum trifft. Vom 1. Mai bis Ende September, wenn in der Saison die Hafen-Partys stattfinden, dann bebt der gesamte Jungbusch, und hier ist das Epizentrum.

Der Name Hafen 49 ist schon fast ein Synonym für den Sommer im Kiez geworden. Wenn die Sonne langsam im Hafenbecken versinkt, drehen die Bässe so richtig auf. Ein kühler Drink verleitet auch mal zum zweiten, ein Song trägt einen schwerelos zum nächsten. Hunderte Menschen finden sich ein, um gemeinsam zu tanzen, zu lachen, und die Bässe auf sich regnen zu lassen. Die Meute reißt einen auf der Sympathiewelle mit. Der Geruch von Wasser, Sand und Sommerwind, dezent abgemischt mit einem Hauch „Eau de BASF", bringt den Süden nach Mannheim. Ekstase am Verbindungskanal.

Was den Hafen 49 so besonders macht, ist seine Nähe zum Wasser und zu den großen DJ-Berühmtheiten wie Sven Väth, die sonst nur in New York oder Ibiza auflegen. Sie baden einfach mit in der Menge der Tanzenden. Schwäne wippen ihre langen Hälse mit dem Beat.

Wie Diamanten glitzern Stadtlichter im Rhein. Der Verbindungskanal wird zur Erlebniskulisse für Tänzer. Hier kann man einfach mal das Festland verlassen und sich treiben lassen auf der Musik. Einen Tag und eine Nacht lang Abenteuer auf dem Sonnendeck.

Das maritime Ambiente und vor allem großartige Musik, die die Füße niemals stillstehen lässt, bringen die Herzen kollektiv zum Fliegen.

Trotz des Grooves sind alle entspannt und feiern unter orangen Sonnensegeln die Performances der DJs. Elektronische Ohrwürmer garantiert!

· ·

⊙ Hafen 49, Hafenstraße 49, 68159 Mannheim, Tel. (06 21) 1 81 91 92 94
www.hafen49.de
⊙ ÖPNV: Bus 60, 62, Haltestelle Am Salzkai, Haltestelle Popakademie

Hüttenzauber auf Marillen

73 *Die Pinzgauer Stub'n*

Der nächste Skiurlaub ist noch lange hin, und du hättest jetzt schon Lust auf eine urige, gemütliche Hütte mitten in Mannheim? Dann ist die Pinzgauer Stub'n genau das Richtige! Schließt man die Tür an der viel befahrenen Schwetzinger Straße hinter sich, ist man in Sekundenschnelle in der rustikalen Gemütlichkeit der österreichischen Bergwelt angekommen. Nicht nur was das Ambiente betrifft, sondern vor allem auch kulinarisch. Alles ist holzvertäfelt, wie es sich eben für eine echte Stub'n gehört. Der unwiderstehliche Duft nach Palatschinken, Zwetschgenröster und Kaiserschmarrn erinnert an entspannte Hüttenbesuche in rauen alpinen Gebirgslandschaften. Wenn die Karte zu viel verspricht, fragt man einfach die nette Bedienung nach der Empfehlung des Tages. Dies könnte der Tafelspitz sein, ein leckerer Kabeljau oder der schmackhafte Zwiebelrostbraten. Beim Anblick von Worten wie „Erdäpfel", „Marillen" oder „Topfenknödel" weiß man für einen Moment ohnehin vor lauter Vorfreude nicht mehr, wo hinten und vorne ist. Die Gerichte wie das typische krosse „Wiener Schnitzel" (man sagt das beste seiner Art in Mannheim) sind eine wahre Geschmacksgaudi, und das in einer perfekten Mischung aus Tradition und Moderne. Kalorienbomben werden hier anders interpretiert und leicht gemacht, zum Beispiel wird aus gehaltvollem Palatschinken ein Hauch von Teig mit Marillenmarmelade. Hier drin ist es behaglich warm, und man fühlt sich herzlich willkommen und heimelig glücklich. Besonders die Gemütlichkeit erobert die Herzen der Gäste auf dem Gipfel der Genüsse. Später, wenn in Österreich die Sonne die Berge küsst, dann küsst hier mancher Mund einen der leckeren Brände. Nur sorgloser, da man später nicht betüdelt die Berge runtersausen muss, sondern einfach bewegungsunfähig vor Wohligkeit und Sättigung in ein Taxi einsteigen kann, um nach Hause zu kommen. War das heute schön, den Urlaub auf der Alm a bisserl vorauszuahnen, dem deutschen Alltag zu entkommen und herrlich deftig zu schlemmen. Joladihütii!

••

Pinzgauer Stub'n, Schwetzinger Straße 175, 68165 Mannheim, Tel. (06 21) 44 96 75
www.pinzgauerstubn.de
ÖPNV: Straßenbahn 1, Haltestelle Krappmühlstraße

Charme ohne Schnickschnack

74 *Schnörkellos genießen im Café Prag*

Wie wäre es mit einer Auszeit in einem kleinen, süßen Café im Stil derer in Paris, Wien oder Prag? Eines wie aus einem Kinofilm zum Beispiel? Das Café Prag liegt abseits der Shoppingmeilen, neben dem Mannheimer Rathaus, und es hat tatsächlich als Filmkulisse für den Film „Sag mir nichts" gedient, weil es so wunderschön und nostalgisch ist. Der Clou: Es steht mitsamt seiner Inneneinrichtung unter Denkmalschutz. Alle Möbel sind daher noch original wie 1902 erhalten. Den Mittelpunkt, die Seele, bildet die urige, dunkle Holztheke zwischen hohen Regalen und Schränken aus dem gleichen Holz.

Die Wände hat Besitzer Adonis Malamos, der selbst in einer griechischen Gastronomenfamilie aufwuchs, kunstvoll gestaltet. Seine eigens aufgenommenen großen Objekt- und Landschaftsfotos fesseln die Blicke. Das Haus, früher mal ein Zigarrengeschäft, erzählt Geschichten und braucht dafür gar keine Worte. Diese Geschichten inspirieren die Gespräche an jedem Tisch, ob bei den Mittagspäuslern vom Rathaus oder den Eltern von Schützlingen der Musikschule nebenan. Einfachheit mischt sich mit Tradition und einem guten Schuss aktueller Eleganz. Hier lebt die Vergangenheit einfach weiter im Heute. Die Filmmusik dazu: entspannend, dezent und unaufdringlich, meist ehrlicher und zeitloser Jazz.

Faszinierend, wie einfach man aus Wenig viel machen kann. Das Prag zelebriert die Kunst, das Glück im Alten zu erkennen und daraus mit ein bisschen Fantasie etwas ganz Neues zu erschaffen. Während man hier hochwertigen Kaffee genießt, der selbstbewusst ohne Flavours und Toppings auskommt, verfällt man dem intellektuellen, schnörkellosen Charme des Prag. Hier gibt es kein WLAN? Nein. Hier gibt es keine Ablenkungen. Das Gegenüber und die Unterhaltung stehen bewusst im Vordergrund.

Eine zeitlose Atmosphäre, wie in den traditionellen Kaffeehäusern in Paris oder Wien auf den Fotokalendern, die Adonis selbst macht und im Café auch verkauft.

Man darf das unaufdringliche Wenige genießen – die Essenz.

••

⊙ Café Prag, E4, 17, 68159 Mannheim, Tel. (06 21) 1 78 77 24
https://m.facebook.com/seit2002/?locale2=de_DE
⊙ ÖPNV: Straßenbahn 2, 6/6A, 7, Haltestelle Rathaus/rem
Straßenbahn 1, 2, 3, 4/4A, 5, 6/6A, 7, 15, Haltestelle Paradeplatz, 5 Minuten Fußweg

Reise mit der Zeitmaschine

75 *Reiss-Engelhorn-Museen – Museum Weltkulturen*

In jeder Stadt gibt es ganz offizielle Kultur zu bestaunen – sogar in Mannheim. Hier teilt sie sich neben Planetarium und Technoseum auf einen Museumskomplex mit drei Häusern auf, die Reiss-Engelhorn-Museen. Eines davon ist im Zeughaus in C5 untergebracht, das andere in C4, und das dritte ist das Museum Weltkulturen in D5. In allen gibt es sowohl permanente als auch zeitlich begrenzte Ausstellungen und immer wieder tolle Sonderaktionen.

Wenn das Wetter auf Indoor-Ausflug und einem der Sinn nach Bildung steht, kann man hier gut den Tag nutzen, um sein Gehirn mal wieder so richtig aufzuschlauen. „Ägypten – das Land der Unsterblichkeit" oder „Versunkene Geschichte" wiederentdecken? Bei der riesigen Auswahl an Sehenswertem fällt es schwer, sich zu entscheiden. So oder so – drinnen hat man die gewohnte Welt komplett hinter sich gelassen und staunt. Im Museum Weltkulturen, in der Dauerausstellung „Versunkene Geschichte" taucht man in unglaublich realistisch nachgebaute verschiedene Epochen ein. Die Darstellungen und Funde stammen aus dem Rhein-Neckar-Raum, sind also echte Mannheimer Geschichte. Wie haben unsere Vorfahren zu den unterschiedlichen Zeiten gelebt?

Dank der informativen Hinweisschilder zu den Originalobjekten und der aufwendigen akustischen, optischen und haptischen Inszenierung kann man sich spielend zum Beispiel in die Höhle des Steinzeitmenschen hineindenken und -fühlen. Nebenan schnarcht der Höhlenbär, der trotz seines Alters von 20.000 Jahren täuschend lebendig wirkt und trotz seiner imposanten Größe von bis zu drei Metern irgendwie niedlich aussieht.

Man bewundert frühe Werkzeuge aus Stein, verfolgt gebannt den beeindruckenden Weg zu technischen Errungenschaften von heute und ist irgendwie erleichtert und dankbar, dass man dank Fortschritt mit manchen Widrigkeiten des Lebens nicht mehr kämpfen muss. So eine Höhle mag als Rückzugsort vor dem Alltag verführerisch idyllisch wirken. Aber angesichts der damaligen Lebensbedingungen ist das doch eher etwas für Romantiker.

Reiss-Engelhorn-Museen – Museum Weltkulturen, D5, 68159 Mannheim, Tel. (06 21) 2 93 31 50
www.rem-mannheim.de
ÖPNV: Straßenbahn 2, 6/6A, Haltestelle Rathaus/rem
Straßenbahn 1, 2, 3, 4/4A, 5/5A, 6/6A, 7, 15, Haltestelle Paradeplatz, 5 Minuten Fußweg

Wo Gott ganz Ohr ist

76 *Herzschlag und herrlichkeiten-Werkstatt*

Die Neckarstadt Ost hat ein Herz für ihre Bürger. Es schlägt zum Beispiel in der Langen Rötterstraße, im „Herzschlag" und den „herrlichkeiten". Die zwei kleinen Geschäfte sind auf den ersten Blick eins. Bei näherem Hinsehen ist es aber gar kein Laden, sondern eher ein herzlicher Raum für Begegnungen.

„Das Leben liebt dich" rufen wunderschöne Dinge einem zu, wenn man am Schaufenster vorbeiläuft. Hier wird man überrascht von nachhaltigen, bezaubernden und ideenstiftenden Annehmlichkeiten. Hier sprechen die Dinge mit dem Besucher, stolz tragen sie Worte zur Schau, die der Seele guttun. Es gibt Lampen, Küchengeschirr, Kinderspielzeug und niedliche Süßigkeiten wie Tartufos zum Verschenken und Selberessen. Manches ist sogar aus sozialen Projekten entstanden, zum Beispiel in Behindertenwerkstätten. Gefühlslage: Hingerissen.

Vom Herzschlag aus soll Hoffnung und Liebe in die Stadt getragen werden, indem man hier zum gemeinsamen Beten zusammenkommt. Kreativ-Workshops laden ein, Neues zu erschaffen, sich Zeit zur Besinnung zu nehmen, sich selbst neu zu entdecken und anderen zu begegnen. Kaufen ist hier Nebensache, es geht eher um Projekte zum Liebe stiften, wie Straßen und Plätze verschönern und Rosen auf der Straße verschenken.

Die gelernte Goldschmiedin Claudia Mohr zaubert hier in der „herrlichkeiten"-Werkstatt Schmuck, den sie mit viel Liebe selbst schmiedet und für den Kunden sogar eigens aus Österreich und der Schweiz anreisen. Dank der offenen Werkstatt können die zusehen, wie sie Schmuckstücke und Trauringe aus recyceltem Gold und Silber von Hand herstellt. Goldstaub wirbelt durch die Luft. Alle Schmuckstücke tragen eine ermutigende oder erinnernde Symbolik in sich. Die Inspiration dazu ist die Liebe Gottes.

Man fühlt sich aufgehoben und geborgen hier. Ein Lächeln begleitet einen nach draußen. Und vielleicht auch eine der Textplatten von IOPLA aus Hamburg mit gestempelten Worten, mit der man jemanden SINNvoll glücklich machen wird.

....

❯ **Herzschlag und herrlichkeiten-Werkstatt, Lange Rötterstraße 38, 68167 Mannheim**
Tel. (06 21) 46 29 65 26, www.herzschlag-ma.de und www.herrlichkeiten.com
❯ **ÖPNV: Straßenbahn 1, 2, 3, 4/4A, 15, Bus 53, 61, Haltestelle Alte Feuerwache,**
ca. 10 Minuten Fußweg

Schmackhafter Holzofenzauber

77 *Tor zum Orient: Das Restaurant Pasam*

Schon mal was von „Klein Istanbul" gehört? Das ist das kleine, quirlige Viertel, bunt und voller Leben, in den Quadraten hinter dem Marktplatz. Deutschland ist hier so türkisch wie nirgendwo sonst. Jeder sechste hier hat türkische Wurzeln.

Das Restaurant Pasam, das Erdal Güney 2013 eröffnete, ist sozusagen die Eintrittspforte nach „Little Istanbul". Mit solchen sauberen, offenen Läden sinkt die Eintrittszögerlichkeit, die manche Mannheimbummler vielleicht noch haben, sich auf das besondere Viertel einzulassen. Hier sieht man Dinge, die man sonst nirgendwo sieht, und bekommt Produkte und Dienstleistungen, die man sonst auch kaum so findet. Einmal eingetreten ins helle, freundliche Pasam kann man sich am frischen Spezialitäten-Frühstücksbuffet laben, und das sogar täglich. Stammkunden, Familien und Neugierige schätzen dieses Angebot sehr. Der Blickfang ist allerdings etwas anderes: der riesige Holzofen, aus dem die Pide frisch gebacken herausgeholt und dem staunenden Kunden auf Wunsch heiß übergeben werden. Der Holzofen ist der Einzige, der einen Innenraum von drei mal drei Metern hat. Pide sind so etwas wie ein Facelift vom bekannten türkischen Fladenbrot, also quasi das moderne Ekmek. Nur hier bekommt man eine leckere Pide, die sage und schreibe 80 Zentimeter lang ist. Den Teig so lang ziehen zu können, ist ein Verdienst der geheimen Rezeptur und nicht leicht zu kopieren. Der Ofen strahlt eine angenehme Wärme aus, und die Holzofenbäcker verbreiten beste Laune.

Kann man in Glück eigentlich reinbeißen? Wenn ja, dann schmeckt es hier nach Hackfleisch, nach Tomaten und Oliven, und vor allem nach weichem, geschmolzenem Käse. Berühmt ist das Pasam auch für seine Künefe – ein türkischer Teigfladen mit Mozarella und einem leichten Zuckersirup. Zum Nachtisch gibt es honigsüße Teigkringel, die „Lokma" heißen. Ob gleich vor Ort verspeist oder mit nach Hause genommen – diese Leckereien machen schon ein bisschen „Little-Istanbul"-verliebt. Wiederkommenwollen-Garantie!

· ·

⊙ **Pasam Tas Firin, G2,7, 68159 Mannheim, Tel. (06 21) 43 73 20 23**
www.pasamtasfirin.de
⊙ **ÖPNV: Straßenbahn 1, 3, 4/4A, 5/5A, 7, 15, Haltestelle Marktplatz**

Pssst ... hör mal ins Grün

78 *Sinnestraining in der Klangoase im Luisenpark*

Mannheims Vorzeige-Grün sind die Mannheimer Stadtparks, besonders der Luisenpark, die Freizeiteinrichtung Nummer 1 der Region. 220 Gärtner, Techniker, Verwalter und Tierpfleger erschaffen hier täglich ein Meer aus Grün und Blumenbunt, das europaweit seinesgleichen sucht.

Ruhe- und Spielwiesen, einladende Sonnenterrassen und Restaurants, Spielplätze und üppige Blumengärten, der Kutzerweiher und seine gelben Gondoletta-Bötchen, das traumhafte chinesische Teehaus mit den dicken Kois, die Seebühne… überall begleitet einen das Lachen und Schreien von Kindern, für die der Park ein einziger riesiger Abenteuerspielplatz ist. Und natürlich das Klappern der Störche, die vor ihnen davonstaksen. Mittendrin liegen in einem kunstvoll angelegten Garten Menschen auf Liegestühlen oder sitzen andächtig im Gras. Man hört fröhliches Vogelzwitschern, bleibt intuitiv stehen und hält inne. Plätschert da etwa ein Fluss? Fasziniert setzt man sich ebenfalls und lauscht. Als plötzlich wie aus dem Nichts Donnergrollen vom Himmel tönt, schaut man erschrocken zum vielleicht sogar kaiserlich blauen Himmel. Doch alles, was man über sich erblickt, ist der Mannheimer Fernmeldeturm.

Vielleicht könnte das Schild „Klangoase" das erklären? Gut möglich. Die Geräusche, die täuschend natürlich anmuten, sind es nämlich nicht. Die gewaltigen, teils sphärischen Klänge stammen aus einem Arrangement des Mannheimer Musikers Peter Seiler. Ein gigantisches Ohr, das an einem Stück aus einem Mammutbaum herausgearbeitet wurde, erzählt weiter, wofür dieser Ort geschaffen ist. Wenn der Luisenpark mit so vielem den Blick gefangen nimmt, geht es in dieser bezaubernden Ecke vor allem um eins: Augen ausschalten und hören. Ruhe bitte! Einfach mal innehalten! Diese Oase ist zum Lauschen und Tagträumen gemacht und um die Aufmerksamkeit mal wieder auf einen Sinn zu lenken, der im Alltag oft wenig beachtet und wertgeschätzt wird. Das „Ja" bei der standesamtlichen Hochzeit hier in der Klangoase klingt tatsächlich irgendwie bewusster.

▶ Luisenpark Mannheim, Theodor-Heuss-Anlage 2, 68165 Mannheim
Tel. (06 21) 41 00 50 (Besucherservice) www.luisenpark.de
▶ ÖPNV: Straßenbahn 6, Haltestelle Luisenpark oder Straßenbahn 9, Haltestelle Luisenpark/
Technoseum oder Straßenbahn 5, Haltestelle Fernmeldeturm (anderer Eingang)

Wohin sich Libellen träumen

79 *Der kleine See im Herzogenriedpark*

Hochhaus reiht sich an Hochhaus in der Neckarstadt. Tief in einem Stadtteil, der generell nicht gerade für seine unberührte Natur bekannt ist, findet man doch eine Oase, die vielen Mannheimern zwar namentlich bekannt ist, die manche aber noch nie wirklich gesehen haben. Jeder kennt den großen Bruder des Herzogenriedparks, den Luisenpark. Sein kleiner Bruder ist allerdings der geheime Superstar. Er ist noch unentdeckter, es gibt viel mehr versteckte Ruheoasen, und die Schlangen am Eingang halten sich in Grenzen. In seiner grünen und blühenden Schönheit aber steht er dem Luisenpark in nichts nach. Seine Intention: das Interesse der Bevölkerung für die Natur zu steigern und das Bewusstsein für Natur- und Artenschutz nachhaltig zu fördern.

Der Rundweg leitet einen durch blühende Gärten, vorbei am Bauernhof, an Brunnen und Spielplätzen, und, mitten im Herzen des Parks, kurz vor dem Bambusgarten, kommt man an eine unerwartet große Wasserfläche, die tatsächlich 10.000 Quadratmeter misst. Entzücktes Staunen. Üppige Trauerweiden tauchen ihre Arme in den Weiher und wecken den Gedanken, es ihnen mit den Füßen gleichzutun, sie ins kühle Nass hängen zu lassen und einfach mal ein bisschen zu träumen.

Am Ufer stehen zwei Stühle unter den Weidenzweigen, umrahmt von buntem Blattwerk, als hätten sie hier auf einen gewartet. Sie verleiten dazu, die Augen zu schließen und sich vom leisen Plätschern entführen zu lassen. Während man so vor sich hinträumt, umarmt von den Weidenarmen, mit Blick auf die spiegelnde Oberfläche des Sees, saust vielleicht eine kleine Königslibelle vorbei. Sie ist nur eine von vielen bedrohten Tierarten, die in diesem Biotop in der Stadt ein Zuhause gefunden haben. Die Wasserfontänen auf dem See rauschen gleichförmig im Hintergrund, und beweisen, dass das hier kein perfekt gemaltes Stillleben ist, sondern ein besonderer Lieblingsort voller Leben. Am liebsten möchte man in diesem ausgleichenden Ruhepol ursprünglicher Natur nie wieder aufstehen.

○ Herzogenriedpark Mannheim, Max-Joseph-Straße 64, 68169 Mannheim, Tel. (06 21) 41 00 50
www.herzogenriedpark.de
○ ÖPNV: Straßenbahn 1 und 3, Haltestelle Neuer Messplatz, ca. 5 Minuten Fußweg
Straßenbahn 4/4A, 5/5A, 15, Bus 61, Haltestelle Bonifatiuskirche

It's a bittersweet symphony

 Nachhaltig kaufen im Naturkostladen Bittersüß

Auf der Suche nach ausgefallenen Zutaten wie Kurkuma, Shirataki oder schwarzem Sesam kann es passieren, dass man im „Bittersüß" landet. Das ist so einer der kleinen Tante-Emma-Läden ohne berechnete Produktplatzierung und durchdachte Verkaufspsychologie. Die bunten Waren sind einfach da und duften, leuchten, lächeln und schmecken. Den Spezialitäten-Schatzsucher erwarten hier über 5000 Produkte, die Besitzer Christian detailliert kennt und beschreiben kann, inklusive der über 600 Weine. Man kauft hier Alltägliches wie Brot, aber auch ganz besondere Geschmacksträger und Leckerbissen. Zum Beispiel Schokolade, die so weltweit nur von einer Person hergestellt werden kann. Es locken unzählige Bio-Schokoladensorten aus Peru, Haiti, der Dominikanischen Republik, Tansania und Madagaskar. Wer kann Schokolade wohl am besten? Das Bittersüß wollte immer ein eigenständiger Laden sein, von dem ein Mensch sich komplett versorgen könnte. Deshalb gibt es hier auch Hygieneartikel, Duftkerzen und Räucherstäbchen. Ein verschenktes Lächeln breitet sich schnell aus angesichts des regen Austauschs an Waren und

TIPP — Der Laden kann gemietet werden für eine Weinverkostung. Geht aber auch ohne.

Worten. Die gesamte Einrichtung spiegelt die Liebe zu jedem einzelnen Produkt. Sie transportiert die Wertschätzung für die Menschen, die diese Produkte herstellen. Täglich gibt es hier frisches Obst und Gemüse in Demeter-Qualität. Donnerstag ist, wenn es frischen Fisch und glutenfreies Brot gibt. Außerdem wird den ganzen Tag frisch gebacken. Semmeln, Baguettes, Franzbrötchen … 37 frische Backwaren jeden Tag! Viele Produkte sind glutenfrei. Und es gibt sogar leckeren unfiltrierten, ungeschwefelten Schaumwein.

Während man gemütlich im rustikalen Ambiente stöbert, kann man seinen Kaffee aus der Limited Elektra Maschine genießen. Frische Milch gibt es hier nur von nicht enthornten Kühen, gut für das Tierwohl und auch für die Verträglichkeit. Wem es hier gefällt, der wird auch den „Hedonisten" nebenan für sein natürliches, faires Bio-Essen lieben. Besser leben leicht gemacht! Besser leben für Genießer.

Bittersüß, Friedrichstraße 10, 68199 Mannheim, Tel. (06 21) 84 30 98 09
www.bittersuess-mannheim.de
ÖPNV: Straßenbahn 1, Bus 50, Regionalbus 98, 710, 711, Haltestelle Friedrichstraße, ca. 2 Minuten Fußweg

Bibliografische Informationen der Deutschen Nationalbibliothek
Die Deutsche Nationalbibliothek verzeichnet diese Publikation in der Deutschen Nationalbibliografie;
detaillierte bibliografische Daten sind im Internet über http://dnb.d-nb.de abrufbar.

© 2019 Droste Verlag GmbH, Düsseldorf
Konzeption/Satz: Droste Verlag, Düsseldorf
Einbandgestaltung und Illustrationen: Britta Rungwerth, Düsseldorf unter Verwendung von Bildern von
© Fotolia.com: jd – photodesign.de; © iStock: Plociennik Robert
Fotos: Adriana Legron, außer:
S. 21, 23: Benjamin Traschütz; S. 25: Nina Badelt; S. 27: Benjamin Traschütz; S. 29: Speicher7; S. 31: Stefan Leonhardt; S. 33: Low Bros by Manuel Wagner; S. 35: Benjamin Traschütz; S. 41: Gerhard Haupt; S. 45: Stefan Leonhardt; S. 47: Werner Schäfer; S. 53: Benjamin Traschütz; S. 59: SAP Arena; S. 61: Konditorei und Kaffee Herrdegen; S. 63: Stefan Leonhardt; S. 69 und 71: Radisson Blu Hotel, Mannheim; S. 73: Benjamin Traschütz; S. 75: Hotel Weingärtner; S. 77: Stefan Leonhardt; S. 91: Stefan Login; S. 95, 97, 99: Benjamin Traschütz; S. 103: Britta Bartenbach; S. 107: Nina Badelt; S. 109: Benjamin Traschütz; S. 111: Stefan Leonhardt; S. 129: Planetarium Mannheim; S. 131: Nina Badelt; S. 133: Benjamin Traschütz; S. 137: Nina Badelt; S. 139: Benjamin Traschütz; S. 141: Sibylle Maus; S. 147: Sieferle & KØ Bar; S. 151: Klaus Dieter Kieslich (KDK); S. 155: Adonis Malamos
Druck und Bindung: Gutenberg Beuys Feindruckerei GmbH, Langenhagen
ISBN 978-3-7700-2158-1

www.drosteverlag.de